U0035136

# 老子與我

鄭錠堅 著

搞笑版老子教你生命哲學

# 前言　老子與我

　　讀《老子》讀得很晚，三十歲之後才一頭鑽進去，但一讀，就愛上，甚至在夢中都碰觸到老子的神祕教授。讀完81章《道德經》之後也有讀一點《莊子》，雖然佩服莊子的高妙，但始終感到老子才是我的老師。就像我一直喜歡孔、老，而不契近孟、莊，那麼多年來都沒有改變過，那是一種深層內在能量的聯繫，不容易說得清楚，有點玄乎。四十歲後拜在奧修門下，奧修曾多次在他的著作中隱隱指出老子是他的前世，十年前後兩位師傅彼此之間也有著深刻的因緣？這應該是一種內在生命脈絡的非巧合。

　　事實上，在大學中文系教了一兩年《老子》之後，就跟老子的教導斷線了。緊接著的人生歲月中，學《易經》、學占星、學奧修、學禪坐、學種種身體工作……等等，生命的學習應接不暇，就一直沒有再接續老子的前緣，直到2014年開始寫FB。某日心血來潮寫了一篇老子「嬰兒哲學」的小方塊，寫得順手，隨即想說臉書文章不能寫得太學術與艱深，於是就抱著一份遊戲的心情來寫一個趣味性的系列吧，沒想開了一個頭就愈寫愈多、愈寫愈來勁、愈寫愈開心、愈寫愈得心應手、愈寫愈寫出一種「瘋」格。哈！寫到今年三月間約累積了四、五萬字，老子成了我的「老子老獅」。

　　所以這是一本非學術性的老子，一本生活化的老子，一本小說對話形式的老子，一本搞笑版的老子，一本故事虛構的老子，一本好玩

的老子,對!就是要寫一本好玩的老子!誰規定傳統哲學一定要很嚴肅很難懂,中國傳統文化本來就是一門很好玩的生命哲學。至於行文的方式是根據《老子》原文的先後,談論每一章不同的哲學議題,但也不是81章全寫,而是隨興的挑選了筆者個人特別有感的三十幾章來呈現,但老子哲學主要的題材與架構都應該涵蓋到了。自然,這樣一本現代搞笑版的老子,分別有它的「假」與「真」。

「假」的部分是這本《老子與我》的內容充斥著搞笑語言及遊戲筆墨——老子當然不會說別人腦袋破洞或腦殘,老子不會打太極詠春截拳道,老子也不會罵○○××,老子更不會撿起青牛的便便跟我互砸腦袋,不用說老子當然不會知道尼采、康德、貝多芬說過的話,老子不會摺英文,歷史上也沒出現過孔子K老子頭的事件,而老子的青牛會去截別人甚至孔子的屁股不用腦袋瓜想也知道不可能是真的。還有,很多很多,想看一個活潑潑得有點亂的老子嗎?看下去吧,都是在學術世界與歷史世界裡看不到的。當然,最最不可能是真的,是老子老獅不可能有我這樣一個神經病學生。哈!

但我希望在種種遊戲筆墨與嬉鬧劇情背後有真正碰觸到原汁原味的老子哲學——道/覺知(有的一面)、無為/滌除(無的一面)、玄德/玄覽/玄同(有無相混)以及其他的老子哲思。讀者可以參考附錄三「老子思想簡表」的整理。也許,表層的真假不是真正的真假,深層思想的純正才是真正的老子靈魂吧。所以我希望這本《老子與我》的表層結構是假的、是虛構的、是輕鬆的,但深層結構卻是真的、是道地的、是深刻的。另外,為了在遊戲筆墨與學術形式之間取得一個比較的平衡,在附錄六放進了一篇正式的學術論文:〈「太極兩儀三才八卦論」的深層思考——中國文化原型的物理詮釋〉。這是

一篇老子哲學與天體物理對話的學術性文章，雖然學術，但我希望文章內容仍然是充滿趣味的。

　　老子老獅！感謝您跟我同台演出喔！錠堅非常感念這一段「老子與我」的歡快歲月！也許，在這樣一個電子化、去文字化、圖像化、資訊化、反深刻化的輕薄短淺的時代裡，我們需要更多更有趣的方式去展示文化傳統的深厚吧，這也是另一種形式的無為與方便法門吧。我說得對不對呀？老子老獅？

　　老子說：「……」

記於2015年的初春

# 目　次

# 老子說真理的不可說明性
## （第1章）

老子說：「真理如果說得清楚的，那就不是真理了。」

錠堅說：「老師，您這句話很有名耶！」

（原文：道可道，非常道。）

老子說：「又不是只有我會說。」

錠堅說：「是嘛！」

老子說：「俺的好朋友佛陀曾經被學生問啥是真理（道），結果他回答：『麥擱貢！麥擱貢！』」

錠堅說：「噢！」

（原文：弟子問道。佛曰：不可說，不可說。）

老子說：「他曾經在《金剛經》裡又說過：『沒有固定的現象可以稱為真理的。』」

（原文：無有定法，名阿耨多羅三藐三菩提。）

錠堅說：「哇！」

老子說：「印度詩人泰戈爾也說過：『在缸裡的水是透明的，在大海的水卻黝黑；微小的真理有清晰的言詞，偉大的真理卻只有偉大的沉默。』」

錠堅說：「呀！」

老子說：「你今天腦袋破洞喔？只會噢！哇！呀！說點別的。」

錠堅說：「素！素！素！您老說的是『真理的不可說明性』」。

# 作者建議

「真理的不可說明性」就是說，真理有一個特性，就是說不清楚，不能窮盡，所謂言語道斷，言語是說不清楚真理的。你說了A，就漏了-A；你說了-A，就漏了A。怎麼說，都是顧此失彼。怎麼說，都是掛一漏萬。說愈多，漏尿，不是啦！漏愈多。

西方物理學有一個很有趣的例子可以印證：

為了解釋宇宙的實相，先是牛頓提出古典力學，只是解釋了宇宙本體的一部分；科學家不滿足，接著愛恩斯坦提出了相對論，又解釋了另一部分；又有量子力學的出現，提供了新思維；還是不滿足，又出現了混沌理論。這些理論模型都解釋了部分的宇宙實相，卻都無法涵蓋整體。道可道，非常道啊！

又有一點像「瞎子摸象」，道家摸到象腿，佛家摸到象屁屁，儒家摸到象耳朵，科學文化摸到象牙，回教摸到象基基……都摸到象象的一部分，都摸不到整隻真理大象。

其實不只真理，愛、感情、心靈經驗、在大自然中的感受……等等，都是道可道，非常道的。我們又怎麼說得清楚媽媽對我們的愛哩。又像怎麼對一個不會游泳的人解釋在海洋暢泳的滋味呢？只有慢慢教他，然後推他下海，他就開始游呀游呀，然後……哇！爽！游泳怎麼說了，下水就知道了。

# 老子說生命的不可概念化
## （第1章）

老子說：「生命拿來概念化，那就不是真正的生命了。」

錠堅說：「老師，這也是很有名的一句話耶。」

（原文：名可名，非常名。）

錠堅說：「老師，您的兩句名言是：『真理如果說得清楚的，那就不是真理了。生命拿來概念化，那就不是真正的生命了。』能不能用白話文解釋一下呀！」

（原文：道可道，非常道；名可名，非常名。）

老子說：「生命拿來說，就不是真實的生命啦。每個生命都是具體而獨特的，生命是怎樣說都說不完的，像一朵花、一條河、一座山、一個女子，都是窮盡一生的心力都讀不完的。相反的，概念化在簡化生命，學術、理性在僵化生命，而咱們道家就是要將人從概念化的世界解放出來，回到活活潑潑真真實實的生命世界。」

錠堅說：「但，老師，講話也是一種傳達概念的方式呀，也是概念化呀，照您的意思，不是話都不能說囉。」

老子說：「所以要小心，心裡要清楚語言文字≠生命的真相。譬如你去描述一顆蛋，不管你描述得再好再傳神，都不會等於那顆蛋本身。又譬如你認為『一個會翹課的學生就是一個壞學生』，這個想法本身就是一個概念化，事實上真的是如此

嗎？某個會翹課的學生搞不好有著更複雜的生命事實哩。所以話當然是可以講，但發言的時候至少心裡要懂得有兩個層次的真理與生命。一、真理、生命本身；二、討論真理、生命的各家各派的理論。二是幫助我們去了解一的，但二≠一，二不能取代一。說話不等於真理，概念不是生命。真正懂得真理、生命的人往往是不講話的，因為他們知道言語不能傳達最高的消息。所以世界上有兩種知識，一種是概念的，一種是沉默的。」

錠堅問：「老師，真有人笨得用概念替代生命嗎？」

老子說：「哈！笨人還不少啊！一般來說，將生命概念化有三種經常出現的現象。就是──名氣，數字，理論。」

錠堅說：「哦？先說說用名氣取代生命。」

老子說：「很多所謂慈善家沽名釣譽，其實是偽善，根本是個爛咖。也有許多宗教家其實是騙子，許多學問家名不副實。相反的，很多聲名狼藉的人其實是具有真性情的。」

錠堅說：「了解了，名氣也是一種概念化，世俗的名氣≠生命的真相。老師，第二種呢？用數字取代生命？」

老子說：「嘿！這也想不通！很多人耗盡一生的時間去追求、累積金錢，盲目的追求數字的成長，卻不懂很多的錢不等於生命的價值，更不等於生命的幸福。許多國家也一樣，盲目追求經濟成長，老百姓卻愈活愈痛苦。」

錠堅說：「對耶！現代社會充滿數字的迷思，金錢、業績、成績、入學率、量化、GNP、甚至三圍、身高、收入，都是用數字取代生命價值的例子呀！是的！數字≠生命。那，第三種概念

化的現象呢？怎麼會有人用理論取代生命？」

老子說：「怎麼沒有？用理論或知識取代生命的，通常是識字的人，就是你們這些所謂讀書人。很多人讀了一些聖人的書或經書，就自我感覺良好的認為自己是聖人了，至少差不了太多了。讀了一些佛經，就覺得快要成佛了。讀了一些修行的書，就感到自己頭頂快放光了。事實上還差很遠啦！知識高度與人格高度是天與地的距離，知識高度與靈性高度是兩個銀河系的距離。知道不代表做到，知識理論≠生命實況呀！」

錠堅說：「了解！老師講得真好！名氣，數字，理論通通不是真實的生命，都只是一些概念化的遊戲。要了解生命就要去擁抱生命本身，不能通過概念，對不？老師。」

老子說：「………」

錠堅說：「那麼，名字也是一種概念化，名字≠生命，對不？老師。」

老子說：「………」

錠堅說：「所以，『鄭錠堅』是不重要的？」

老子說：「………」

錠堅說：「『牛牛』是不重要的？」

老子說：「………」

錠堅說：「『老子』也是不重要的？」

老子說：「………」

錠堅說：「所以，鄭錠堅是狗屎？」

老子說：「嗯嗯。」

錠堅說：「牛牛也是狗屎？」

老子說：「嗯嗯。」

錠堅說：「老子也是一塊狗屎？而且是最老的一塊。」

老子說：「嗯，啥………？」

# 關於生命修煉四原則
## （第3章）

錠堅問：「老獅！老獅！您說過『虛心、實腹、弱志、強骨』的聖
　　　　人之治四原則，偶將它理解成生命修煉的四個原則口不口
　　　　以？」

（原文：是故聖人之治，虛其心，實其腹，弱其志，強其骨。）

老子說：「行！」

錠堅說：「『虛其心』就是老獅常講的無為囉，就是將內在的負面情
　　　　緒、陰影、傷害、痛苦鍵出與取消的靈性功夫。心虛掉了，
　　　　內在無為了，才能出現覺知與一體性。」

老子說：「好！」

錠堅說：「『實其腹』就是吃飽囉。但是，老獅，那是你們古人的基
　　　　本要求，古代吃飽不容易，所以吃飽變成很重要的項目。但
　　　　今天吃飽既然變得不難了，那偶加一點要求好不？就是要吃
　　　　得自然、吃得真實──要吃真食物。拒吃化合物、地溝油、
　　　　毒澱粉、生長激素……您也曾經講過『五味令人口爽』，吃
　　　　太多假食物與人工化合物，會讓人失去（爽，失也）分辨真
　　　　食物的能力。今天的小屁孩愈來愈不知道真正的肉、真正的
　　　　青菜、真正的茶葉、真正的咖啡到底是什麼滋味。所以飲食
　　　　變成是生命修煉的一部分囉，是不是呀？老獅？」

老子說：「對！」

錠堅說：「喂！老獅，您今天講話怪怪滴！第三個修煉原則是『弱其志』，就是減少人生的慾望與目標嚕。慾望是痛苦與煩惱的根源，慾望愈多，煩惱與痛苦的數值愈高。而人生目標不是利多的因素，反而是目標本身的障礙；愈想達成目標，就變得距離目標愈遠；目標導向的人生非常有可能就是無法達成目標的根本理由。所以老獅您的無為的人生觀，就是不要去追尋目標，而是讓目標自然的發生；不要去壓迫存在，而是讓存在發生，讓存在引領，順著存在的流水走，存在會自然而然的帶我們去應該去的地方。偶記得奧修老獅曾經講過：目標愈大，跟我們的距離與鴻溝也愈大，就要用更大的緊張能量去填平它，那麼大的緊張卡在中間，目標是不可能達成的。所以老獅您的『弱其志』不只是一種更真誠自然的生存方式，也是一種更容易邁向成功的生存方式。」

老子說：「高！」

錠堅說：「老獅呀！您今天真是省話一哥哩。第四個原則是『強其骨』，就是指讓身體強健的身體工作嚕。身體是需要動的東西，身體要動才會快樂。身體工作兼有靜心、放鬆、排毒、加強心肺功能、強化筋骨肌肉等等的功能，身體工作之道大矣哉！而且身心靈是一體的，身體放鬆了，靈性也比較容易浮現。」

老子說：「強！」

錠堅說：「所以老獅，生命修煉的四個原則就是——

虛心，是靈性工作；

實腹，是食物工作；

　　　　　弱志，是心性工作；

　　　　　強骨，是身體工作。

　　　　　是不是？老獅？還有老獅，您多說些話行不行？都是偶在說
　　　　　耶，您這樣的上課態度不太好吧！」

老子說：「多說也行。你要我弱志嘛，我就聽話降低對你講課的慾望
　　　　　囉。跟著我就強骨，呔！瞧我左打詠春，右打太極拳，還
　　　　　有，啊達！腳踢李小龍的截拳道，強吧！好！打拳累了，實
　　　　　腹，吃飯去。然後老獅我就去虛心，睡大頭覺嚕。呀嗚！」

錠堅說：「老獅！你你你你……」（錠堅昏倒中。）

# 關於「和光同塵」的深層意義
（第4章）

錠堅說：「老獅！老獅！我有重大發現耶！」

老子說：「……」

錠堅說：「又不說話了。最近演的電影『露西』，我沒看，但很多朋
友都去看了，他們看完回來又黑白PO文在FB，我讀了一段
話，終於知道您的『和光同塵』的深層意義耶。」

老子說：「？」

錠堅說：「啊嗚？您瞧我，又忘記您的時代沒有電影、網路、FB，
跟您愈久我也變得愈腦洞了。不管了，反正我現在知道『和
光同塵』的更深意思了。」

老子說：「……」

錠堅說：「總是這樣，我說我的，你呆你的，就是俺師徒倆的溝通方
式，習慣就好。好！我說囉。一般的說法，調柔自己人格的
光譜，做人不要那麼尖銳，與塵世共舞，低調的展現智慧
與愛。這是和光同塵的一般解釋。但我最近讀到下面的一段
話。引用自部落格『章成的好世界』中文章：『當你意識能
量的速度愈來愈快時，相對於「速度」緩慢的那些人，你也
就會等同於「開始消失」，這就是為什麼當你的意識提升
時，很多人會開始淡忘你、不再對你有興趣，即便得到了你
的幫助，拿了好處以後他們也會很快投入讓他們覺得很「實
在有趣」的事物裡面，而不會惦記著你、跟隨你的足跡。所

以當你的意識提升時，要記得一件事：在那些意識相對低速的人的眼中，將會對你失去興趣，你也會感覺自己逐漸被淡忘，這不是哪裡出了錯，這是正常的，你們走向了不同的平行宇宙。』」

老子說：「哈！」

錠堅說：「原來您的『和光同塵』是您自願降低您的能量光譜（和光），減慢您的意識速度（同塵），降低標準來跟我們混呀！而且，我知道在生命能量衝刺過程中的人，是沒有功夫理會那些還沒到起跑線上的落後者的，只有完成的人，超越終點的人，才有餘暇回到起跑線去照顧後進，哇靠！老獅，您不只有大愛，而且意識進化與能力高強耶！當然也只有意識進化與能力高強者才真能釋放大愛。因為愛不是責任，愛是滿溢的生命能量的自然流出。」

老子說：「哈哈哈！！！」

錠堅說：「老獅，我跟您講啊！我現在才了解為什麼我感到跟一些老朋友、學生、還有我老婆覺得有一點點不連線耶，原來我的速度開始變快一點點了，當然我不能像露西那樣口吐白光，夭壽啦！但心智意識的速度確實可以加速耶。當然我可以回來跟老婆混（一定要這樣說啦，她有在看FB呀），但確實有些學生愈走愈遠囉，老朋友更是了，看來我還在過程中，離終點還好遠……好遠……好遠……。我『和光同塵』的能力差太多啦！自顧自都沒時間了，只好使勁往前跑，喂，後面的，跟緊一點呀！」

老子老獅莞爾一笑！

錠堅說：「老獅，您說我說的對不？」

老子說：「你說呢？」

錠堅說：「……」

老子說：「……」

## 作者建議

　　還沒開始跑的人、跑到終點的人、全力往前衝的人，都很OK，最累的就是前前後後跑來跑去的人，我覺得中年時代的孔子可能就是這樣的熱心笨蛋。（糟！得罪很多人，對不起了！另一位老師。）也許有人覺得孔子的外圍東西很笨重很囉嗦，很想拋棄，相對的很多修行者看起來很無情，很安靜，其實是很想整合內在。事實上，孔子常常被同時代的隱者笑幹嘛那麼累，《論語》也形容孔子是「喪家之犬」。但這種前前後後跑來跑去的生命熱力，對修行的道路來講其實是很重要的。

　　有時候生命的行者往前衝會衝到連夥伴都忘記回顧，等到累到停下來喘口氣，在前方又看見其他行者的背影，於是調整能量再往前跑，這就是「同囚越獄」的彼此激發。同修梵行，夥伴或同道人的存在是神奇而重要的。當然，有時候向前不停的衝呀衝，衝著衝著倒是與許多人的連結就這樣斷掉了，因為後來者常常會陷入一些困難，而且享受這些困難，他們可能會不願意再出來跑，你愈跑愈前面做的事，他們也不感興趣，漸漸就疏遠了。這很無奈，曾經一度一起上道，卻變成不願意再一齊走。因頻率差異而造成的彼此不存在，或者是被人淡忘了，或者是淡忘了他人，都有可能。但生命的相遇與相離

有時真的很神奇耶！我們就只管往前衝，衝到山頭了，再回頭撿那些斷掉連結的人，這就是老子老獅「和光同塵」的高明與愛。從這個角度看，老子老獅不只是無為，而且是充滿生命熱情的，就跟他的小老弟孔子一樣。

# 老子說被動的愛
## （第5章）

老子說：「天地、聖人不執著愛呀！他們的愛是清靜的、無為的、被
　　　　　動的。他們將萬物、百姓當成芻狗一般的敬重。」

錠堅問：「等一下！等一下！老獅，您這句話也是很有名耶，但大家
　　　　　都不是這樣解釋的耶，都以為您是在諷刺，說天地、聖人把
　　　　　萬物、百姓看成芻狗一樣低賤耶。」

老子說：「放屁！」

錠堅說：「老獅，您很少這樣罵人的耶。」

老子說：「不是啦，我剛剛真的放了一個屁。」

錠堅說：「（捏著鼻子）老獅就是老獅，您的屁啊彷如仙樂飄香。」

老子說：「兔崽子，少拍馬屁！我剛剛放的屁超臭的。」

錠堅問：「老獅，您就不要再亂了，這句話到底是蝦咪意素？」

老子說：「我的意思是天地、聖人不執著愛，真正的愛是自然的湧現
　　　　　與流露，愛是一個發生，愛是一份享受，愛是自由，愛不是
　　　　　必須，愛不是沉重的責任，愛不能是例行的工作。天地、聖
　　　　　人的愛一任自然，無所執著啊！芻狗是祭典中貴重的祭品，
　　　　　讓萬物、百姓自我成長、自我調整、自我修行、自我沉澱，
　　　　　而不去干涉，讓萬物、百姓學會自己愛自己，這是最大的敬
　　　　　重與愛呀！」

錠堅說：「老獅，說得很精采耶！您今天話超多耶，哪根筋不對

呀？」

老子說：「（瞪著牛眼）不說話也不對！說話也不行喔！」

錠堅說：「老獅，您聖人內，您的愛是不執著的嘛，對不，老獅？」

老子說：「……」

錠堅說：「唉！又不說話了。」

（原文：天地不仁，以萬物為芻狗；聖人不仁，以百姓為芻狗。）

## 作者建議

這句話就是講不執著的愛，被動的愛。

芻是一束一束的草，芻狗就是用草製作的狗，古代用作祭祀中的祭品。

芻狗本來是不值錢的東西，但當成祭品，就貴重起來。天地、聖人將萬物、百姓當芻狗，還有一層深意：從芻狗演變成祭品，中間需要一段自我變化的過程，所以對他人最大的愛與敬重，就是幫助他人成長呀！

老子又說：「天地之間的愛呀，就像風箱（橐），就像管樂器（籥）。愛是空性的，而且不會委屈自己；你愈鼓動、吹動它，它就愈發出源源不絕的能量。」

錠堅說：「老獅，您的意思是說愛是空性的、不委屈的、溫和的、被動的，但擁有無窮的能源的。」

老子說：「……」

（原文：天地之間，其猶橐籥乎？虛而不屈，動而愈出。）

錠堅問：「那要怎樣才學到天地之間的愛呢？」

老子說：「你說那麼多廢話、屁話、鳥話、不像話、鬼話、瞎話是沒
　　　　有用的，不如守住自己心靈的覺知與空性。」

錠堅說：「……（我忍我忍我忍忍忍…）」

（原文：多言數窮，不如守中。）


（5章全文：天地不仁，以萬物為芻狗；聖人不仁，以百姓為芻狗。
天地之間，其猶橐籥乎？虛而不屈，動而愈出。多言數窮，不如守
中。）

# 老子說「谷神／玄牝／禪境」
## （第6章）

老子說：「喂！小鬼！過來，老獅要開打，不！要開講了。」

錠堅嘀咕：「粉恐怖耶！老頭子很少主動叫我過去聽講的，今天要說的一定是超難超沒人性的。（正襟危坐中）」

錠堅說：「老獅！我五十好幾啦！還叫我小鬼，有點過葷喔！」

老子說：「那我兩千多歲了，你不叫小鬼，那我叫化石囉？真是腦殘！」

錠堅說：「（氣）被腦殘老師喊腦殘？衰！老獅，您開打，不是！開講吧。」

老子說：「我們要學習保持心靈的空性、無為、虛靈，讓自己的心常常像一座深山大谷；所謂無為，就是將種種的自我執著、負面情緒、黑暗經驗、痛苦指令取消、delete、鍵出、焚燒、蒸發、空掉、無掉，讓我們的心是空的。而這種空的精神狀態是有力量的，我稱之為『谷神』。喂！小鬼，懂不懂呀？」

錠堅說：「蛤？懂，懂啦。」

老子說：「我們的心常常在這種空空的、鬆鬆的谷神狀態（無），漸漸的，就會浮現起覺知，覺知落在人間世的某一件事上，就會很警醒、放鬆但全神全知的去做那件事（有），等事過境遷，過而不留，心靈又回到谷神的空無狀態中（無），這種

有無相混的生命狀態，就叫『玄』。空性——覺知——做事——空性——覺知——做事——空性……這種稱為『玄』的迴旋不絕的能量像一匹堅忍強壯的母馬，所以我稱之為『玄牝』。喂！小鬼！老獅在講，你有沒有在聽呀？」

錠堅說：「蛤？蛤？蝦米？玄牝？我知了！是武當山李慕白的玄牝劍法！」

老子說：「慕你的頭啦！（K頭中）」

（原文：谷神不死，是謂玄牝。）

老子又說：「這個有無相混的『玄牝』的門道，是天地之間的根本大法呀！我們要學的，就是這個『玄』的功夫。」

錠堅說：「哇！聽起來很厲害耶！」

（原文：玄牝之門，是謂天地根。）

老子說：「『玄牝』的功夫不只可以用在人間，也可以用在禪境的修行上。」

錠堅說：「老獅呀，您真是愈說愈玄啦！」

老子說：「禪定時，空性像一波一波綿綿不絕的海浪，但無盡的空性大海中彷彿有一縷覺知存在著，但覺知必須是鬆的、是虛靈的，覺知切忌用力，它甚至不是專注，它是空空的、鬆鬆的卻澄明朗朗的存在著，但存在又意味著佔有，所以覺知不是真的存在，它是不存在的存在，它是彷彿的存在，所以我說『若存』。在禪境中要使用覺知，但不能用力，不能有火氣，要虛靈的用，空空鬆鬆的用，彷彿的用。所謂的禪，就是在有無之間、覺知空性之間、集中放空之間維持一個高能的心性狀態。所以『玄牝』可以用在入世，也可以用在出

世。」

（原文：綿綿若存，用之不勤。）

老子說：「喂！小鬼，有懂……你竟然給我睡覺！（正要K下去）」

錠堅說：「zzz……老獅！別K！我沒睡了。」

老子說：「那你衝啥？」

錠堅說：「我只是在彷彿的存在之中，zzzzz……」

（6章全文：谷神不死，是謂玄牝。玄牝之門，是謂天地根。綿綿若存，用之不勤。）

## 作者建議

　　這篇文章的重點就是「放鬆但全神全知的去做那件事（有），等事過境遷，過而不留，心靈又回到谷神的空無狀態中（無），這種有無相混的生命狀態，就叫『玄』。」另外，自己也很喜歡文內談「覺知」的一段：「覺知切忌用力，它甚至不是專注，它是空空的、鬆鬆的卻澄明朗朗的存在著，但存在又意味著佔有，所以覺知不是真的存在，它是不存在的存在。」所以老子老獅第6章下「若存」二字，下得太妙太好了！

　　其實這篇我盡量想寫得輕鬆，但第6章談到實修的問題確實比較深，如果讀者讀完能呼應與喜歡！那就真是「鶴鳴在蔭，其子和之」，足感心！說來好玩，《老子》我讀了很多年了，以前寫《老子》很費力，這幾年我比較是在生活上練習覺知，所謂的生活禪，大概在人間混得比較久了，現在寫《老子》與《易經》好像很輕鬆！好

像真的把老子請出來，自己當他的小徒弟，有點跟在師父屁股後面玩耍的快意！所以我想用輕鬆的文筆來寫深邃的老子老獅，就好像真理的路走了幾十年幾輩子，事實上真理只住在隔壁。真是「未到家時路覺遙」。也許，第一步很重要，我們讀書讀經，我們修學真理，需要深入淺出的第一步，需要心曠神怡的第一步，需要磊磊落落的第一步，需要簡單大氣的第一步，有了第一步，事情就好辦了，第一步動了，就全面啟動了。我希望我的《老子與我》就是這種鬆動簡約、容易親近、可愛搞笑、卻讓人學到東西的第一步。

有朋友說看完這一篇，腦袋裡只迴響著空。一般來說，我們的頭腦一直停留在「做事」中，在頭腦作用中是無法出現「空性」的。事實上頭腦應該是工具，我們是主人。奧修說過一個比喻：應該給頭腦裝一個開關鍵，要用就開，不要用就關。如果不能自由開關，不是耗能就是錯亂。不要讓僕人變主人，要自己當家作主。

另一個朋友寫下這一段話：「某個清爽的秋天，立在一片樹林前觀看著秋風吹動樹梢，突然一個靈感：四季是循環的，生老病死是循環的，早晨黃昏是循環的，台灣繞一圈也是循環的，地球繞一圈也是循環會回到原點的。觀看這篇文章，『玄』的迴旋不絕也是個迴圈循環模式，真妙！目前對於這個發現的初略心得：原點其實就是終點。哪兒都不用去，哪兒都不用尋找。另，看過一個認同的觀點：不是靈魂住在身體裡，而是身體在心靈意識裡。」

是啊！也許「谷神」就是原點，也是終點；生命繞了一大圈，最後回到一無所有；然後「玄牝」就是終點之後的發動，空無的發動，不發動的發動，有無旋轉的發動。這隻黑嘛嘛母馬的發動與旅途是無止無盡的，綿綿若存，用之不勤。

# 水的哲學
## （第8與78章）

老子說：「至高的美善要像水的德性，水能夠造福萬物而且沒有競爭心，水能夠呆在別人都不願意呆的地方，所以水最接近真理的狀態。」

（原文：上善若水，水善利萬物而不爭，處眾人之所惡，故幾於道矣。）

錠堅說：「老獅，您講的是『水的哲學』吧。水確實有不避髒的素養，水可以呆在水溝、馬桶、餿水桶。但落在人的行為上，又怎麼運用呢？」

老子說：「大成熟者像水一樣——不挑剔居住的地方，心轉境轉，像水一樣，去到哪裡，都是善地。心靈像深潭一般靜水深流。與人相處，常存仁厚，哪怕面對豺狼虎豹，手段可以從權，心靈不可放棄。講話像潮信一般準確無誤。施政像水一樣靈動善巧。做事總是能夠發起充沛洶湧的能量。每個行動都能夠掌握剛剛好的時機。而且大成熟者就像水一樣沒有競爭心，所以不會犯錯。」

（原文：居善地，心善淵，與善仁，言善信，政善治，事善能，動善時。夫惟不爭，故無尤。）

錠堅問：「老獅，所以水的哲學就是柔弱哲學囉？」

老子說：「不只！水也有剛強的一面。天底下水是最虛無、柔弱、沒

個性的東西；但水能穿石，毀天滅地，沒有東西能夠替代。所以你說柔弱哲學也是對的。」

（原文：天下莫柔弱於水，而攻堅強者莫之能先，以其無以易之也。故柔之勝剛，弱之勝強。）

錠堅說：「所以老獅，偶整理一下水的哲學——

　　一、水是虛無的。水沒個性，所以沒有執著。

　　二、水是柔弱的。卻能夠戰勝剛強，力量不可限制。

　　三、水是卑下的。她沒有競爭心，所以能夠造福萬物，像真理的懷抱。」

老子點頭：「是啊！柔弱的力量是最強大的力量。」

錠堅說：「像母親的力量？」

老子說：「……」

錠堅說：「像文化的力量？文化表面溫和，卻能夠影響一個國家的歷史。」

老子說：「……」

錠堅說：「像真理的力量？」

老子說：「……」

錠堅說：「像海賊王魯夫的橡皮身體？」

老子說：「……」

錠堅說：「像葉問的詠春？我要打十個啦！」

老子說：「○○××」

錠堅說：「像海綿寶寶？」

老子說：「○○○×××」

錠堅說：「像趴趴熊？」

老子說：「○○○○××××」

錠堅說：「偶豬道了！像水肥車！前一陣子有一個補習班老師講水肥
　　　　車的威力，水肥車不會傷人，但拿來噴射，所向無敵啊！」

啪！

錠堅尖叫：「老獅！您怎麼拿牛牛的便便丟偶的臉呀！」

老子說：「你說的，牛牛便便柔弱不會傷人，也一樣是所向無敵
　　　　呀！」

錠堅說：「老獅！您過糞耶！偶也讓您嚐嚐看所向無敵吧！」

老子說：「哇靠！」

錠堅抓屎中，老子飛奔中。牛牛在旁老臣在哉的吃草。

唉！道可道，非常道呀！


（8章全文：上善若水，水善利萬物而不爭，處眾人之所惡，故幾於
道矣。居善地，心善淵，與善仁，言善信，政善治，事善能，動善
時。夫惟不爭，故無尤。）


（78章原文：天下莫柔弱於水，而攻堅強者莫之能先，以其無以易之
也。故柔之勝剛，弱之勝強。）

# 父女仝與「玄德」
## （第10與51章）


老子說：「今兒講個父女仝的故事？」

錠堅說：「啥？」

老子說：「小鬼，你知道玄德嗎？」

錠堅說：「啥？玄德？噢！哇哉啦！劉玄德就是劉備，他大弟是關
　　　　　羽，小弟是張飛，跟班是趙子龍，師爺是諸葛亮，都超生猛
　　　　　的，三國遊戲裡面說……唉唷！幹嘛又K我頭？」

老子說：「現在是講《老子》，不是講《三國演義》，還三國遊戲
　　　　　內。」

錠堅說：「不是說老子不打人的嗎？」

老子說：「你哪隻耳朵聽過老子不打人的。」

錠堅說：「蛤？好像沒有，連割掉基基的司馬遷遷也沒有這樣寫過
　　　　　耶。老獅！您好吵耶！到底要說什麼呀？」

老子說：「記得上回跟你說過的『玄牝』嗎？」

錠堅說：「是這個呀！您不早說，您說心常常保持在空空的、鬆鬆的
　　　　　空性狀態（無），漸漸的，就會浮現起覺知，覺知落在人間
　　　　　的某一件事上，就會很警醒、放鬆但全神全知的去做那件事
　　　　　（有），等事過境遷，過而不留，心靈又回到空無的狀態中
　　　　　（無），這種有無相混的生命狀態，就叫『玄』。空性——
　　　　　覺知——做事——空性——覺知——做事——空性……這種

稱為『玄』的迴旋不絕的能量像一匹堅忍強壯的黑孅孅母馬，所以稱之為『玄牝』。您看！我都會背，好學生唄。」

錠堅問：「那麼，玄牝的性質與力量，就是您現在要講的『玄德』囉。」

老子說：「我用更生活的話語說說玄德──父母生養了孩子卻不去佔有他、勉強他。為別人做事卻不會自恃功勞。幫助他人成長卻不會宰制、控制他人。」

錠堅說：「能夠這樣，那是因為做完一件事後（有），覺知的回到空性之中呀（無）！不然愛會變成一種干涉。教育會變成暴行。為別人做事會成為一樁交易。我們對一個人好、幫助一個人、愛一個人，然後就忘卻我們曾經對他的好、幫助與愛，這樣才能保有愛的純粹性，如果對一個人好就要他聽我們的話或回報我們，那就是買賣，而不是愛了。老獅，我講得對不對？」

老子莞爾。

錠堅說：「噢！我領悟了！您講的父女仁的故事就是空性媽媽（無）＋覺知爸爸（有）＝生下人間的黑孅孅母馬女兒（無有相擁謂之玄牝）。

這種玄牝的內在力量就稱為玄德。是不？老獅！」

老子說：「呵呵呵呵呵呵呵呵……」

（第10與51章原文：生而不有，為而不恃，長而不宰，是謂玄德。）

## 作者建議

這篇文章談在每一個當下保持空性狀態與內在覺知，對任何事不干涉不擁有。

有朋友說在紊亂中偷空讀這篇文章，過程如靜置的濁水，漸漸沉澱，有無在心中交流出另一番天空，這一秒竟跳出生活的混亂而滿心清澈。是的！過而不留，會年輕。

又有朋友說看老子新解比看電視、電影還精采，老子活然躍於面板上。其實這就是寫臉書專欄的優點，偶而的隨緣與機緣，自然而不計畫。

# 六個大感慨之一：擁抱整體
## （第10章）

老子說：「我有六個大感慨，六個很難達成的境界。」

錠堅說：「蛤？有這等事！老獅快說，老獅快說。」

老子說：「用全副精神與魂魄的擁抱整體，可以做到不離開這種生命
　　　　狀態嗎？」

（原文：載營魄抱一，能無離乎？）

錠堅說：「老獅，偶智障、白痴、鈍胎、腦殘啦！不懂啦，請解
　　　　釋。」

老子說：「『一』就是不能分割的整體，就是道，就是真理，就是
　　　　太極。

　　　　　　一兼有整體與精純的性質。

　　　　　　生命的真相就是整體的，個體只是頑固的假象。

　　　　　　生命其實是具體、獨特又整體的，生命是怎麼說都說
　　　　不完的。一朵花、一條河、一塊石頭、一個女子、一位哲
　　　　人……都是終身讀不完的。所謂一物一太極、一花一世界、
　　　　一葉一如來嘛，任何生命都是天道具體而微的整體顯現，真
　　　　實的生命是不能被簡化、分割的。但人很好玩，人是地球上
　　　　唯一會將自己異化的生物，人心一不自然、扭曲，就將自己
　　　　從整體中分割出來。搞科學的說科學最重要，唸人文的說人
　　　　文最重要，學藝術的說藝術最重要，搞政治的說政治最重

要，辦教育的說教育最重要，唸經濟的說經濟最重要。誰對呢？都對，都不對。整體就在整體之中，整體不是從哪一個本位去判斷的，擁抱整體是一種態度與修養，然後從整體去看世界，會驚訝的發現這世界從來未曾割裂過。這種態度，《易經》叫『茂對』──豐富、整體的面對天道與人間。如果能夠不離開這種全心全意全神全靈去擁抱整體的心靈境界，這是怎樣的靈性高度呀！」

錠堅下巴掉下來，說：「噢！」

# 六個大感慨之二：喚醒內心的嬰兒
## （第10章）

老子說：「第二個大感慨和第二個很難達成的境界是——專心讓能量
　　　　變得很柔軟很柔軟，能夠柔軟得像一個嬰兒嗎？」

（原文：專氣致柔，能如嬰兒乎？）

錠堅說：「喔！喚醒內心的嬰兒！」

老子說：「每個人的生命內在都住著一個小baby，就看我們能不能輕
　　　　輕的叫醒她。首先要心靜，心一靜，內在的能量就會開始變
　　　　柔軟了。然後不要讓能量（氣）激動起來，隔壁孔老弟的小
　　　　弟小孟說過『無暴其氣』，就是說不要讓氣暴漲暴起。再來
　　　　就是通過適當的功法喚醒內在嬰兒了。

　　　　　　修行功法有很多種，有的喚醒行者的陽剛之氣，有的喚
　　　　醒陰柔能量，通過一些很靜、很細緻、很溫柔、很深入的功
　　　　法（像靜態的靜心、深入緩慢的跳舞等等）打開內心深處的
　　　　小baby能量，讓行者進入無妄念、無雜質、無剛暴能量、無
　　　　頭腦作用的生命狀態。」

錠堅說：「就是老獅您講過的回到嬰兒狀態的生命境界。」

（原文：復歸於嬰兒。）

老子說：「喚醒生命內在的柔軟能量，喚醒內在嬰兒是很重要的。嬰
　　　　兒很整體，嬰兒很接近天道，嬰兒很接近真理。」

錠堅下巴掉到地上，說：「哇！」

# 六個大感慨之三：
## 內在洗滌與玄妙觀覽
（第10章）

老子說：「第三個大感慨和第三個很難達成的境界是——洗滌清除內在的負能量之後，生命自然會出現玄妙的觀覽，能做到內在心靈與外在發用都沒有一絲雜質嗎？」

（原文：滌除玄覽，能無疵乎？）

錠堅說：「老獅，這不就是您經常講的無為而無不為唄？滌除就是無為，玄妙的觀覽就是無不為，是吧？但不管是滌除內心的執著，還是幫助他人的心境，要做到一點雜質都沒有很難耶！」

老子說：「這裡可以有不同的名詞。

我喚『玄覽』——玄妙的觀覽。

也許叫『誠』——《中庸》的說法，真誠準確的生命發出。

或者稱為『見獨』——王陽明的說法，看到當下只有自己真正知道的真實性。

也有叫『坐忘』——莊子的說法，比較是講滌除的意思。

或許喊『頓悟』——佛家的說法，悟，也是心猛一乾淨後出現的。

也可以叫『化知歸真』——化掉所有知識障礙與頭腦作用，回到心靈真實神準的狀態。

心一乾淨，砰，心的能力跳出去，伸展出去，立即神準無誤的射中人生箭靶的紅心。

玄覽就是不通過思考，沒有想，立即清楚的知道。其實這是人常有的經驗，心靈一澄澈清明，馬上清楚得很，而且跟外界的一切連接得很好，一般叫靈感。這是一種不通過任何媒介，直接發自內心與外界接通的靈性能力，一種神準妙用的觀覽——在無窮的人生可能性面前瞬間發出心靈之箭正中靶心。所以真正無雜質的玄覽是信任活心靈去運作頭腦，而不是用死頭腦去記憶；是活的無窮與準確，而不是死的記憶與簡化。」

錠堅下巴與鼻子都掉到地上，說：「哇！哇！好難啊！」

# 六個大感慨之四：
## 用乾淨的心愛民治國
（第10章）

老子說：「第四個大感慨和第四個很難達成的境界是關於政治或社會
　　　　工作的——能夠用完全乾淨的心愛老百姓、治理國家嗎？」

（原文：愛民治國，能無為乎？）

錠堅問：「老獅，這很難耶！怎麼叫乾淨的心呢？」

老子說：「對一個政治家來說，乾淨的心就是『四個沒有』——沒
　　　　有內在利益，沒有個人利益，沒有黨派利益，沒有國家利
　　　　益。」

錠堅問：「老獅呀，您好像在說夢話啊！先說說最容易的吧，啥叫沒
　　　　有內在利益？」

老子說：「其實捨棄內在利益也不見得是最容易的。所謂內在利益，
　　　　就是指每個人內心深處都有放不下的包袱或過不去的崁兒，
　　　　譬如，有人需要安全感、有人需要名望、有人在乎歷史定
　　　　位，其實也就是不同形式的私心。放不下內心深處的私慾，
　　　　說啥愛民治國其實都是空話。」

錠堅問：「老獅啊，您好像是在說某位羊總桶，牛總桶耶。那個人利
　　　　益又指的是啥？」

老子說：「在你們的民主時代，個人利益當然就是指選票考量嚕。」

錠堅說：「那就更難了，現在不管是民意代表還是政府官員，哪一個

不是嘴巴話說得漂漂亮亮，其實都是在算計自己的選票。」

老子說：「那黨派利益一樣混帳，攻擊敵對政黨，滿嘴仁義道德、意識形態、為民福祉，說穿了也是為了自己的政黨選票考量，為了選票可以扭曲是非。」

錠堅問：「老獅啊，黨派利益還好了解，那國家利益呢？為啥連國家利益也要放棄呢？」

老子說：「照道理說，全球利益在國家利益之上，國家利益在個人利益之上；為了維護全球性的共生，照說國家利益也是理當要讓步的。但現在許多所謂強國只顧及國家本位利益，其實也是另一種形式的自私。像老美、老共為了發展國家經濟，對全球的環保議題，像減少熱排放量等都採取堅定的不合作態度，就是放不下國家本位利益了，這種盲目追求經濟開發的政策總有一天會造成全面性的災難的。」

錠堅問：「老獅啊，四個沒有（沒有內在利益，沒有個人利益，沒有黨派利益，沒有國家利益）太難了吧！做得到嗎？」

老子說：「其實真正的關鍵還是在內在利益的清除。幾乎每個生命歷程都有著不同根源的內在匱乏，然後尋求外在的填補——像性不滿足的會追求權力的角逐與鬥爭，情感不滿足的會去追求虛榮或他人的掌聲等等。但外在的填補是無法滿足內在的匱乏的，那像一個黑洞。只有正視、擁抱、清理內在根源性的匱乏與創傷，讓生命不再需要填補，讓生命無為，讓生命回到寧靜，只有無為與寧靜的生命才會擁有乾淨的心，才能做到真正的『四個沒有』吧。」

# 六個大感慨之五：
## 沒有留下一點東西的自由的心
（第10章）

老子說：「第五個大感慨和第五個很難達成的境界是——心靈開合自
　　　　　如，能夠不留下任何東西嗎？」

（原文：天門開闔，能無雌乎？）

錠堅問：「不留下任何東西與雜質的心靈……這可能嗎？」

老子說：「天門就是心靈，心就是上天到人間的門戶，心是天之門。

　　　　　雌就是留住東西，無雌就是無所留藏、無所留滯、無所
　　　　　執著。我們的心時開時合、或開或合，但開合出入活潑自
　　　　　如，不會留下任何的觀念、情緒、想法、眷念……能達成這
　　　　　樣的一顆心，就是一顆完全自由的心，可以自由進出真理與
　　　　　人間。

　　　　　要達至這樣的心靈境界，根源性的治療是需要的——將
　　　　　生命早期的創傷、陰影、疙瘩無掉、移除掉。同時隨時保持
　　　　　警醒覺知，隨時將遇見的觀念、情緒、想法、眷念拋卻、放
　　　　　下、抽離、蒸發，日常的功夫也是需要的。」

錠堅說：「老獅，好像很難，但醬的境界與功夫很吸引人耶！」

老子說：「沒有留下一點東西的心就是一顆全然自由的心；

　　　　　沒有留下一點東西的心就是一顆虛空的心；

　　　　　沒有留下一點東西的心就是一顆無為的心；

沒有留下一點東西的心就是一顆無懼的心；

沒有留下一點東西的心就是一顆坦蕩的心；

沒有留下一點東西的心就是一顆達成的心；

沒有留下一點東西的心就是一顆品味到絕對真理的心。」

# 六個大感慨之六：
## 不需要一點知識作用的覺知力量
（第10章）


老子說：「第六個大感慨和第六個很難達成的境界是──覺知的力量
　　　　通透明白、四通八達，全然排除丁點知識的作用？」

（原文：明白四達，能無知乎？）

錠堅問：「老獅，所以第六個大境界是講覺知的力量，用『明白四
　　　　達』四個字形容覺知形容得真好，覺知真是一種明白通透、
　　　　四通八達的心性作用。但覺知的心靈不能存有絲毫理性或知
　　　　識的成分嗎？」

老子說：「是的！覺知的心容不下一粒知識的沙子，覺知的發用要屏
　　　　除所有頭腦的作用。也就是說，覺知的心靈明白四達，不
　　　　需要通過任何知識或理論；反過來解釋也通，沒有知識、
　　　　理性、成見的運作與隔斷，即可以達成明白四達的覺知境
　　　　界。」

錠堅說：「所以覺知與知識、理性、頭腦作用是主人與僕人的關係囉
　　　　──當覺知是主人，它的明白四達可以落在任何知識的學習
　　　　上、理性的作用上或頭腦的想法上，等事情結束了，覺知主
　　　　人就輕輕鬆鬆的離開，所以當頭腦是僕人的時候，它會是很
　　　　好用的工具。相反的，當知識、理性、頭腦作用一旦變成主
　　　　人，愈來愈膨脹成一個虛擬的世界，覺知就不會出現了。是

不是這樣說呀老獅？」

老子說：「其實頭腦是笨笨的，它很遲鈍，而且會製造痛苦。真正靈動、聰明、穿透的是覺知作用。『明白四達』其實是很好的一句話，有過這樣的經驗嗎？每當覺知浮現，人就突然會覺得很清楚、很了解，對實相與整體，一體洞然，跟外界一切的關係都連結得很好（四達），而且上接從前不知什麼時候發生過的經驗，倏忽間覺得很清楚、很洞察、很舒暢、很感動。這就是覺知『明白四達』的高峰經驗，很玄，其實也很日常普遍。」

（10章原文：載營魄抱一，能無離乎？專氣致柔，能如嬰兒乎？滌除玄覽，能無疵乎？愛國治民，能無為乎？天門開闔，能為雌乎？明白四達，能無知乎？）

## 作者建議

《道德經》的第10章很深邃，提出了六個修行的大境界，整理如下：

一、擁抱整體。（載營魄抱一而無離）

二、喚醒內心的嬰兒。（專氣致柔如嬰兒）

三、內在洗滌與玄妙觀覽。（滌除玄覽而無疵）

四、用乾淨的心愛民治國。（愛國治民而無為）

五、沒有留下一點東西的自由的心。（天門開闔能為雌）

六、不需要一點知識作用的覺知力量。（明白四達能無知）

# 關於「取消自我」
## （第13章）

老子說：「你被人喜歡、受寵、被尊敬，你就很驚喜！你被人討厭、
　　　　　受辱、被欺負，你就很受傷！」

（原文：寵辱若驚。）

錠堅建議：「這樣你永遠是被動的，被寵、被辱都是被動的。一直隨
　　　　　　著他人的行為而波動，你變成一個沒有自主、自由的人。」

老子說：「原來你那麼鍾愛、重視災難啊！（錠堅：這老傢伙，講話
　　　　　那麼酸！）因為你那麼鍾愛、重視自我呀！」

（原文：貴大患若（貴）身。）

## 作者建議

老子的意思是──自我＝災難呀！

自我是生命最大的災難。

奧修也說：「自我可能是人類最悲慘的遭遇。」

自我是煩惱與痛苦的根源。

將自我抽掉，就失去受寵受辱的對象；將自我放輕、放下、取
消、蒸發，你就不再怕被攻擊、被欺負、被看不起、甚至被殺死。所
以老子的意思是說沒了自我，就失去被攻擊、欺負、看不起、殺死的
目標與對象了。

你變成一個空無。生命變成一個空無。

其實這句話是不通的，空無裡沒有你，或我。

很難說得明白，空無是一個沒有自我的存在。

空無是一個很自由、很輕安的存在。

事實上，空無的經驗其實是很尋常的，不要想得那麼高，一念空無，就是一個淨念了。在一個淨念中做事，那一瞬間就是梵行。

相對的，「自我」最嚴重的狀態就是裡面住了一個瘋人院！必須將院裡的病人放出來，不然內在的紛爭沒完沒了。怪不得老子老獅說「貴大患若（貴）身」。

# 關於「轉彎哲學」
## （第22章）

老子說：「曲線與弧形是最完全的真理。委屈自己才能直接奔赴生命
　　　　的目標。」

（原文：曲則全，枉則直。）

錠堅問：「老獅，您講蝦咪哇糕呀？」

老子說：「細心想一想。」

錠堅抓頭：「好像是耶！宇宙與生命的運動好像都是以曲線進行的，
　　　　彎曲蘊含了真理的奧祕。像：太極圖是弧形，星球軌道是弧
　　　　形，銀河系是弧形，彩虹是弧形，打球也是通過旋腰轉體用
　　　　曲線擊球，高明的武家也是通過旋轉發勁攻敵，人體最美的
　　　　是曲線，舞蹈家要跳出美麗的弧線，大自然也一樣，河流是
　　　　蜿蜒的，颱風是旋轉的，丘陵是曲線起伏的，哪怕四季運轉
　　　　周而復始也等於是一個圓。這就是『曲則全』的真理祕密的
　　　　例子吧。」

老子說：「說得很好！第二句呢？」

錠堅說：「第二句好像是將『曲則全』的道理運用在人事上。偶想
　　　　想，唔！人生的道路都是必須轉彎的，走直線只會將自己撞
　　　　得頭破血流，所以人生行道又可以稱為轉彎的藝術。儒家稱
　　　　為『直道曲成』——直接的真理要用彎曲的方式去完成。人
　　　　嘛，就是要能夠委屈自己，下大苦功，吃大苦頭，才能完成

　　目標。戰爭的藝術也是這樣，最高明的軍神都是使用迂迴戰

　　術迷惑敵人，而不是硬碰硬的。」

錠堅又說：「老獅，偶知道了，您是教偶您的『轉彎哲學』。」

老子說：「是的！人間的道路都是轉彎的哲學。」

錠堅說：「老獅？」

老子說：「……」

錠堅說：「老獅，您瞧您後面。」

老子回頭看。

叩！

老子說：「小鬼，敢敲老獅的頭！」

錠堅說：「這叫欺敵，又叫迂迴戰術嘛。跑！牛牛要過來啦！」

錠堅逃跑中。

# 關於「減少哲學」
## （第22章）

老子說：「少就是收穫，多只是疑惑。

　　　　少是智慧，多是煩惱。

　　　　少容易覺知，多只是貪念。

　　　　少則美，多會煩。」

（原文：少則得，多則惑。）

錠堅說：「老獅，您這個『減少哲學』適用於任何事情嗎？會不會只是您太窮才這樣說？」

老子說：「這樣說吧。小鬼，你覺得老獅家的牛牛怎樣？」

錠堅說：「可愛！好玩！」

老子說：「如果老獅家有十隻牛牛呢？」

錠堅說：「牛牛吃那麼多，如果養十隻牛牛，肯定吃垮老獅家嚕。啊！」

老子說：「開始懂了吧。吃東西也一樣，吃一份美食是享受、是懷念，那一口氣吃十份美食呢？」

錠堅說：「肯定撈塞，看到會怕。」

老子說：「讀一天書，到晚上九點收工，靜一下，清清腦袋，然後睡覺，心靈會覺得很充實。但如果不肯停下來，繼續看書下去呢？」

錠堅說：「愈看會腦袋瓜愈亂，肯定睡不好。」

老子說：「說對了！那叫『嗜知』——對知識的貪念。又像運動，定
　　　　時適量的運動、打拳，身體會健康。但如果每天運動、打拳
　　　　八小時呢？」

錠堅說：「肯定早夭。」

老子說：「所以一天只用心做好一件、頂多兩件事，工作的品質可以
　　　　顧到，內心也有成就感。但如果一天之內強迫自己要完成五
　　　　件甚至更多的工作呢？」

錠堅說：「老獅說得是！一天想做太多事情正是煩惱與痛苦的根源。
　　　　事實上，勉強自己承擔太多工作，也是另一種形式的貪
　　　　慾。」

老子說：「如果說的是求『道』、追尋真理，那更是生命減法、放
　　　　下、拋卻的問題，而不是生命加法的問題了。」

錠堅說：「所以只做好當下一件事。這是最正確的生命態度。」

老子說：「有沒有補充原則？」

錠堅說：「沒有計畫、沒有擔憂未來的做。」

老子說：「所以結論是？」

錠堅說：「少是對的，多是錯的。
　　　　少是生命原則，多是慾望原則。
　　　　少是減法，多是加法。
　　　　減法帶我們接近真理，加法讓我們遠離真理。
　　　　所以不計畫、不要求的做好當下的一件事，就是最準確的
　　　　『少』了。」

老子說：「賓果！」

# 作者建議

下文是一位朋友精彩的補充：

生活中為太多的加法所苦，表面上名為責任的包袱，名為使命的枷鎖，堆積成背後那整座山的貪婪，接著恐懼襲捲而來，奔忙成一個瘋子……巧見此文，前幾夜的徹夜工作，終於累到不想接單了，物極必反，反動的結果是癱瘓在床。讀文後，更覺得要減去任務、服從的習性與滿心的貪慾，學著放下嚕。連拒絕都懶了。

# 關於「破舊哲學」
## （第22章）

錠堅說：「老獅，老獅，偶去翻讀您的演講記錄（指《道德經》），
　　　　對您說的六句話，還有一句不懂耶？」

老子說：「哪六句？」

錠堅說：「您說的『曲則全，枉則直』講的是轉彎哲學，『少則得，
　　　　多則惑』講的是減少哲學。另外一句『窪則盈』是講窪地才
　　　　能承滿雨水、中空才能吸收新能量與新知識的無為哲學與謙
　　　　下哲學吧，也很好理解。但還有一句『敝則新』，是講蝦咪
　　　　東東啊？」

老子說：「破舊與疲憊是更新與活化能量的好機會呀！」

（原文：曲則全，枉則直，窪則盈，敝則新，少則得，多則惑。）

錠堅說：「『破舊哲學』？敝是破舊、破敗的意思，東西破了、舊了
　　　　才能變成新的？這可能嗎？老獅！」

老子說：「這樣說好了。小鬼，你聽過『第二能量』（the second en-
　　　　ergy）嗎？」

錠堅搖頭：「老獅，您還會說英文哦？」

老子說：「有些修行者做運動禪、打拳或跳靈性舞蹈，做到筋疲力
　　　　盡，如果能夠堅持不放棄，這時會有一股新能量從生命核心
　　　　處甦醒過來，讓疲憊的身體又全身充滿勁道，甚至有可能借
　　　　此達成更高的靈性覺醒。坐禪也一樣，有時在坐禪時很疲倦

或不小心昏睡了，反而可能是第二能量或更高覺性湧現的契機。哪怕平時我們熬夜，到子時附近會很累很累，但只要能拗過去了，精神又會重新好起來。」

錠堅說：「噢！偶想起來了。老獅，俄國的葛吉夫老獅說過一個很有意思的故事：一個弟子去找一個修行大師學習，師傅看著這個慕名而來的年輕人，就說：去後面的草坪，給我挖一條長十公尺深兩公尺的壕溝。弟子不了解師傅的用意，但這個師傅是一位很有名望的修行家，他選擇聽從。花了半天的勞力終於挖好，年輕人很高興準備去接受師傅的誇讚。哪知師傅看著全身大汗的弟子，只說：再去挖同樣的一條壕溝。年輕人的眼睛瞪得老大，但看到師傅堅定的眼神，只好再次服從，但他已經沒剩下什麼力氣了，這次花了更長的時間，一直到第二天清晨，才再度完成師傅交辦的工作。年輕人心裡想：師傅應該會教導自己一些修行的技巧了吧。哪知師傅還是說同樣的話：再去挖同樣的一條壕溝。年輕人全身發抖，他在心裡直喊：我不要再挖了！我累透了！這時老師傅說：你有兩個選擇，第一個是你可以選擇放棄，離開我這兒，第二個是去挖同樣的一條壕溝。不知什麼原因，年輕弟子放棄了腦中所有的想法，他轉身再去執行師傅交代的工作，但他實在再沒有力氣了，土挖得愈來愈慢，在身體快要倒下之前，忽然間，他感到一股強大的能量從海底輪直衝而上，弟子沒有多想，迅速一鏟一鏟的工作，等到第三個十公尺的壕溝挖完，清晨還未結束，年輕的弟子抬頭看向蔚藍的天空，意識一片清明，他終於明白老師傅要他挖壕溝的真正用意。」

老子說：「很好的故事！事實上，很多武家練拳，練到拳力老了、拙了，只要堅持練下去，鬆軟的新力、活力就會從拙力中重新產生。從『心』的層面來看，『破舊哲學』也是存在的。往往在重大的人生災難、痛苦、挫折中，許許多多的勇者能夠重新找到更新的能量、生命力與勇氣，再一次造就另一波人生高峰的風雲際會。這也是『敝則新』的道理。」

錠堅說：「所以很多成語像『窮而後工』、『絕處逢生』、『物極必反』、『置諸死地而後生』等等。都是在講這個生命原理——

破舊可以蛻變出新意；

死地裡可能出現生機；

老到頭了就會重生；

衰到家了會有轉機。

所以這人生嘛，得學學敗招、破招、死招。」

老子說：「還有悶招。」

錠堅問：「啥？」

老子說：「最後說說『無聊』。實際上，無聊是很珍貴的人生經驗。一個人覺得無聊透了，感到人生沒有意義，看不到生命的目標，就是他的路走到盡頭了；這正是生命盤整、沉澱、沉思、重出發的契機出現了。所以別小看生命中的無聊經驗，走到山窮水盡、心灰意冷，抬頭一看，發現在眼前展開的，是一片重新讓你感動的天空。正是：行到水窮處，坐看雲起時嘛。」

錠堅仰觀初冬的天際，說：「噢！」

# 關於「不爭哲學與一體性」
## （第22章）

老子說：「不刻意自我表現的，反而會透現一種人格的明光。不刻意
　　　　自我肯定的，反而會得到眾人的表揚。不臭屁自誇的，別人
　　　　反而會感念你的功勞。（一臭屁吹噓，功德就不見了。）不
　　　　自我膨脹的，才會有真正生命的成長。你不要去爭強鬥勝，
　　　　退出江湖，天下之間就沒有人能夠跟你相爭了。（因為不
　　　　爭，所以無敵。）這也是一種轉彎哲學的表現吧。」

錠堅問：「老獅，這就是所謂『不爭哲學』吧，會不會只是一種謀略
　　　　的應用？」

老子說：「不是謀略，不爭的人生態度有更深刻的生命原理。就是
　　　　『一體性』。」

錠堅問：「一體性？」

老子說：「是！一體性。由無為心靈浮現起的覺知，覺知到一定程
　　　　度，就會覺察到萬物一體的實相，一體性就顯現了。既然你
　　　　＝我＝妳＝我＝他＝我＝她＝我＝牠＝我＝它＝我＝祂＝
　　　　我，自己愛自己都來不及了，自己又怎麼會去跟自己真的爭
　　　　什麼呢？對不！」

錠堅說：「有道理！一體性，一般就叫『愛』吧。所謂愛人如己，其
　　　　實就是一體性的表現。」

老子點頭：「所以聖人抱持著『一體性』的心靈能力作為不與天下相

　　　　爭的行為準則。」

錠堅說：「噢！水！強！」


（22章全文：曲則全，枉則直，窪則盈，敝則新，少則得，多則惑。
是故聖人抱一為天下式。不自現故明，不自是故彰，不自伐故有功，
不自矜故長。夫惟不爭，故天下莫能與之爭。古之所謂曲則全者，豈
虛言哉，誠全而歸之。）

# 生活三原則
## （第23章）

錠堅說：「哈囉！老獅！long time no see！想您耶！最近忙，好久沒
　　　　找您上課嚕。今天復課第一堂，能不能講點簡單些的？」

老子說：「就講講生活的三個基本原則吧。」

錠堅說：「……」

老子說：「……」

錠堅說：「噢！太久沒上課了，都忘了老獅您腦殘，不！惜字如金的
　　　　講話風格。那就請您開講吧。」

老子說：「第一個原則，少說點話。（原文：希言。）
　　　　第二個原則，自然的生活態度。（原文：自然。）
　　　　第三個原則，不用剛強。像強烈的颱風不會超過一天，像
　　　　滂沱大雨不會下一整天。（原文：飄風不終朝，驟雨不終
　　　　日。）」

錠堅說：「『少說話』原則，我豬道。說話其實是一種耗費能量的動
　　　　作，將珍貴的生命能源浪費在說話上，就沒有足夠的能量去
　　　　做內在成長的工作了。像我就素一個例子，不素我太愛聒
　　　　噪，我早就素鄭子，您素小鬼了。」

老子說：「……」

錠堅說：「『自然的生活態度』，我也豬道。這素老獅您一貫的學問
　　　　原則嘛。用一句話概括，『自然的生活態度』就素不做讓自

　　已感到不舒服的事。譬如：熬夜會讓身體不舒服，不做；太晚出東西會讓腸胃不舒服，不出；討好別人會讓良知不舒服，不說；偷懶不做自己真正心愛的素情，就不能不做囉。這些，都素自然觀。」

老子說：「……」

錠堅說：「最後的『不用剛強』更簡單了，因為剛強素一種最不持久、最耗能、也最笨的做事方式。對不？老獅。」

老子說：「……」

錠堅說：「好吧！今天的課很乾脆，老獅，拜比！」

老子說：「……」

錠堅說：「……」

老子說：「……」

錠堅說：「蛤？」

老子說：「……」

錠堅嘀咕：「『希言』是吧！還稀屎啦！不豬少說話與嘴殘怎麼分別？真素夠了，○○××@@○×……」

老子說：「……」


（23章原文：希言。自然。飄風不終朝，驟雨不終日。孰為此者？天地。天地尚不能久，而況於人乎？）

# 不爭哲學與停止自我膨脹
## （第24章）

老子說：「踮起腳腳跟不著地的姿勢是站不久的，走路有風跨步而行

　　　　　的走路方法是走不遠的。」

（原文：跂者不立，跨者不行。）

錠堅問：「老獅，您講什麼東東啊？」

老子說：「刻意自我表現的反而會失去內在的清明。

　　　　　刻意自我肯定的不會得到眾人的表揚。

　　　　　臭屁自誇的別人不會感念你的功勞。

　　　　　太在意自己的人就展不開真正的生命成長。」

（原文：自見者不明，自是者不彰，自伐者無功，自矜者不長。）

錠堅說：「老獅，又是不爭哲學那一套喔！」

老子說：「……」

錠堅說：「唉！算我沒插話啦，您就繼續說唄。」

老子說：「對修道來說，自我膨脹就叫『餘食』『贅行』。」

（原文：其在道也，曰餘食贅行。）

錠堅問：「老獅，又是什麼鬼呀？講白話文了。」

老子說：「『餘食』就是吃別人剩下的東西。」

錠堅問：「『贅行』呢？」

老子說：「贅就是贅肉嘛，『贅行』就是滿身肥肉的走來走去。」

錠堅說：「老獅，您罵人很毒耶！」

## 作者建議

　　不過這樣說也對啦！一個修行者太愛爭，啥都愛現，自我就愈來愈膨脹了，那他的能量都被「自我」吸走了，那還能有啥能量剩下來工作內在呢？一個人太愛談自己的「痛苦」與「厲害」，其實都是不同形式的自我膨脹。愛談「痛苦」是自憐式的自我膨脹，那是沒走出自己的痛苦經驗；愛談「厲害」是自誇式的自我膨脹，那是驕傲的無限上綱。珍貴的生命能源都被自己的痛苦與驕傲吸光了，靈性成長工作勢必受到影響。所以停止自我膨脹不只是謙虛，更是一種聰明的修行策略。

　　對老子老獅深深禮敬，跟您學習，決定「遺忘」。遺忘過去的痛苦──過往的痛苦雖是努力的動力，但真的長好了，就不該還緊緊抓住。遺忘過去的驕傲──驕傲是過去很厲害的自己的獎杯，但昨天得獎杯的人，今天也可以變得很爛，所以過去的驕傲已然不存在了，回到當下做一個真實的人吧。

（24章全文：跂者不立，跨者不行；自見者不明，自是者不彰，自伐者無功，自矜者不長。其在道也，曰餘食贅行。物或惡之，故有道者不處。）

# 嬰兒哲學
## （第28章）

老子說：「回復到嬰兒的生命狀態吧！」

錠堅說：「哇哇哇哇哇哇哇……（裝哭中）」

（原文：復歸於嬰兒。）

## 作者建議

　　第13章所講的空無的存在，最具體的呈現就是嬰兒的生命狀態吧。

　　老子哲學是無為哲學、水的哲學、媽媽哲學，也是嬰兒哲學。

　　事實上，嬰兒的生命是一個永遠的謎。

　　我們大部分人都不復記憶嬰兒的心靈究竟是什麼？在想什麼？裡面是什麼？

　　我們只有看到小baby睡得那麼香！那麼寧靜！

　　究竟是怎麼樣的內在，才會睡成這副萌樣？

　　我們說小baby Q、無為、柔軟，那是我們猜的，沒有人說得清楚小baby的心靈，老子也沒有說，他只是要我們回去小baby的狀態，小baby自己又不會說清楚，我們長大之後又忘了。

　　所以我說嬰兒的生命是一個永遠的謎。

　　啊！我知了！有一種人可以了解嬰兒！

佛！

也許，佛是進化版的嬰兒，嬰兒是天然版的佛。

嬰兒是天然萌，佛是老成萌。

# 老子說自我了解
## （第33章）

老子說：「了解他人的是厲害的智者，了解自己的才能點亮心中的明燈，點亮心中的明燈才能照亮人生前方的明路。」

（原文：知人者智，自知者明。）

錠堅說：「了解他人是智者，了解自己是自明者。偶想起來啦！老獅，您的後學韓非先生說過智慧像人的眼睛，可以看見一百公尺以外的地方，卻看不見自己的眼睫毛。（原文：智如目也，能見百步之外而不能自見其睫。）所以自我了解是更困難的。」

老子說：「『自我了解』其實是第一步，第二步是『自我治療與推擴』。首先，了解自己內在的黑暗面與光明面、受傷與強大、病情與潛能，這就是點亮內在明燈或自我了解的心靈工程。跟著第二步才是『自我治療與推擴』。從反面來說，自我了解是診斷系統，自我治療是療程與復健，選擇不同的方便法門去療癒自己，內在健康了，當然人生前方才會出現明路囉；從正面來說，了解自己的能量與強大的模式，做出正確的人生選擇，也是明燈照亮明路的意涵。總之，自我了解是靈性成長工作很關鍵的第一步，聽到內在真實的聲音，這是真正的真知灼見，『自我了解』是明燈，『自我治療與推擴』是明路。先將燈點亮了，前方的途徑才能看得清楚。」

錠堅說：「老獅，偶想到您後代的道教也提出『性命雙修』的說法，『性』就是內在的明燈，『命』就是外在的明路；前者是心靈智慧，後者是現實利益──內在工作原來也是現實利益的基石與原因啊！」

錠堅又說：「所羅門王的老闆上帝問所羅門王要啥？祂讓他選一件上帝的禮物。結果所羅門王向上帝要『了解』，因為他懂得有了內在的智慧與了解，外在的權勢、財富、享樂就會源源而來。聰明！」

老子說：「所以希臘哲人芝諾分尼說：『如果我們不能解讀靈魂的語言，耳目所聞，都屬虛妄。』尼采也說：『閱讀自己比閱讀書本重要。』希臘阿波羅神廟廟門銘文也這樣寫著：『了解你自己。』」

錠堅說：「老獅，您怎麼會認識希臘哲人、尼采、阿波羅神呀？」

老子說：「還不是……」

錠堅說：「還不是偶瞎編的。」

老子說：「………」

## 作者建議

先看懂自己，再去探索所謂的世界──外在的世界。

內在世界是外在世界的原因與基地。要讓外在的世界真實起來，先將自己內在的世界弄個清楚。內在與外在是清楚不二的因果關係。

是的！從某層意義上說：內在，是唯一的存在。

大概每個人都想知道自己的生命究竟是怎麼一回事吧！每個人都

想進行一趟內在的探索之旅吧。都想讓自我的心靈照照鏡子吧。了解
自我，是一份人性深處很強大的希冀與渴望。

# 老子說「強者／富有／生命進化等等」
## （第33章）

老子說：「戰勝他人是有力量的人，戰勝自己才是真正的強者。」

（原文：勝人者有力，自勝者強。）

錠堅說：「老獅，今天的時代，戰勝他人有兩種形式耶。一種是智勝，就是『巧取』，像財閥；一種是力勝，就是『豪奪』，像藍波。」

老子說：「但對成長者來說，更重要的是戰勝自己。人生最大的敵人就是自己，一般人一生都受到性格的牽制與左右，性格即命運，終身被命運糾纏。強者就是能夠突破性格限制的人，當然，自我突破的基礎還是前面講的自我了解。」

錠堅說：「老獅，就是您上一堂課講過的第二步『自我治療與推擴』嚕。」

老子說：「知足的人就是富有的人，用強大行動力奔赴人生目標的人是有志氣的人。」

（原文：知足者富，強行者有志。）

錠堅說：「老獅，這是對富有很好的解釋耶，富有就是知足，滿足的人就是富有的人，滿足＝富有。是呀！富有是內在的，貪婪的人永遠貧窮。」

老子說：「這是兩種相對的人生選擇——富有者與有志者。前者可以隨時停下腳步，因為他隨時可以滿足；後者則不斷催迫自己

奔赴前方的人生。」

錠堅說：「噢！就是內在人與外在人的不同選擇嚕。」

老子說：「沒有丟失自己心靈居所的成長者會有悠久的生命感受，肉體死亡但生命進化持續進行的才是真正的長壽。」

（原文：不失其所者久，死而不亡者壽。）

錠堅說：「喔？老獅，偶聽過第四道的『肉體，靈體，智體，因果體』的進化理論，奧修老獅也說過『肉身體，靈妙體，星靈體，心理體，靈性體，宇宙體，涅槃體』的蛻變序列，那老獅呀，您現在是啥體啊？」

老子說：「……」

錠堅驚呼：「老獅！老獅！您在消失之中耶！您愈來愈看不見了耶！恐怖呀！看到鬼嚕！」

青牛：「吽——」

（老子老獅持續蒸發，錠堅與牛牛奔逃中。）

錠堅大叫：「看到鬼嚕！」

## 作者建議

關於最後一句「死而不亡者壽」，這裡用了一個靈修傾向的角度。

事實上，33章內涵的重點是在講「返回自己」——有道者的人生與一般人的人生的差別就在有沒有返回自己。

（33章全文：知人者智，自知者明。勝人者有力，自勝者強。知足者富，強行者有志。不失其所者久，死而不亡者壽。）

# 老子說「陰謀／陰陽之道／微妙的覺知／柔弱哲學／偉大的謊言」
（第36章）

老子說：「想要收一個人，一定要用力野放他。（原文：將欲翕之，必固張之。）想要弱化一個人，一定要用力強化他。（原文：將欲弱之，必固強之。）想要廢掉一個人，先讓他狂起來。（原文：將欲廢之，必固興之。）想要奪取，先要用力給與。（原文：將欲奪之，必固與之。）這是陰陽之道的現實應用。」

錠堅說：「老獅，您根本在搞陰謀嘛！要害一個人，先給他一億美元；歷史上太多要腐化一個人，就給他許多財寶、美女、名馬、珍玩的例子。又像要圖謀大利益，先釋放一點小甜頭。」

老子說：「事實上，陰謀家、陰陽論、兵法、生命成長的原理都是相通的，就是『損有餘而補不足』的自然原理。而能夠掌握這種演化與轉折的，得依靠微妙的明心見性。（原文：是謂微明。）」

錠堅說：「老獅，就是您常講的從空無中升起的覺知，從覺知出現一體性感應的玄牝的心靈力量吧。」

老子說：「是的！這種微妙的心靈力量表面看很柔弱，但柔弱的能量超越剛強的能量啊！（原文：柔弱勝剛強。）」

錠堅說：「柔弱哲學嘛！我懂。

　　　　柔弱是孔子老獅講的南方之強，剛強是孔子老獅講的北方之強。

　　　　前者是心靈的強大，後者是暴力的強大。

　　　　柔弱指心性長久的成長，剛強是現世一時的囂張。

　　　　柔弱是君子之道用謙，剛強是小人之道仗勢。」

老子說：「人生靈活的小魚不可以離開深刻的心靈啊！修行人不可以離開真理與覺知啊！（原文：魚不可脫於淵。）」

錠堅說：「了解！小魚跳離水面，尾巴揮幾下，很有勁，但卻是非常短暫的。」

老子說：「心靈之國的利器與法門，不可以輕易出示給別人看呀！（原文：國之利器，不可以示人。）」

錠堅問：「為什麼？」

老子說：「一、如果你要教導的對象程度不夠，你精微的心靈經驗就要降低層次。二、如果被你要教導的對象以外的人聽到，會引起他人的覬覦忌妒。」

錠堅問：「那咋辦？」

老子說：「一、有時候因材施教、祕密教導、法不傳六耳，是需要的。二、有時候說法不需要說完整，有時候傳法要用善巧、迂迴的方式。」

錠堅問：「那不是說謊嗎？」

老子說：「小奧修說過一個故事，要讓一群整天窩在屋內的笨蛋跑去戶外，跟他們說盡千言萬語是沒用的，乾脆在門邊喊『失火了』，他們自然會立馬跑出屋外看到壯闊的藍天白雲。其實

　　呀！所有偉大的經典都是偉大的謊言設計啊！」

錠堅說：「所以像您、佛陀、奧修這些老獅都是偉大的說謊家。」

老子說：「……」


（原文：將欲翕之，必固張之；將欲弱之，必固強之；將欲廢之，必固興之；將欲奪之，必固與之。是謂微明。柔弱勝剛強。魚不可脫於淵。國之利器，不可以示人。）

# 痛苦智慧與愛人之道
## （第40章）

錠堅說：「老獅！老獅！偶回來啦！偶放完假了，回來找您復課囉，
　　　看到您很高興耶！」

老子說：「反面經驗是真理發動的最佳時機。」

（原文：反者道之動。）

錠堅說：「老獅，您是在講『痛苦智慧』嗎？」

老子點頭說：「是的！

　　　　反面的人生經驗是真理的鐘響。

　　　　痛苦是一個靈性成長的大契機。

　　　　痛苦是通向自由與愛的偉大道路。

　　　　遇見痛苦，逃避痛苦，生命一直躲不開痛苦的陰影。

　　　　遇見痛苦，擁抱痛苦，了解痛苦的成因，才有機會看到
痛苦背後原來有著更廣闊、深刻的天地。

　　　　痛苦像一道高牆，跨越它，才看到生命的豁然開朗。

　　　　痛苦原來不是痛苦，痛苦是一份激化生命通向強大的能
量。」

錠堅說：「老獅，偶懂了！

　　　　痛苦智慧又叫『反修』，佛家稱『煩惱即菩提』。

　　　　歷史上有太多的例子，都是藉痛苦修行，展現出更璀璨
的成就。像貝多芬全聾了卻譜出另一座音樂高峰，合唱交響

曲。周文王被紂欺負狠了，丟到枯井裡，結果演繹出周易六十四卦。司馬遷小雞雞被割了，才發狠完成中國第一部偉大的史書。

我們往往都是在泥濘裡找到答案，從此不再偽裝成一個受傷或驕傲的人。」

老子說：「示弱、低姿態是使用真理幫助他人的方法。」

（原文：弱者道之用。）

錠堅說：「老獅，第二句話是講『愛人之道』嗎？」

老子點頭說：「是的！

好的愛人者、助人者必須懂得示弱、用柔、低姿態、裝孫子。每個人都有主體性，擺高姿態，別人不會來聽你的。要真正幫一個人，不要當他的老獅，要做他的朋友。這就是伊斯蘭教祕密導師的概念。

有一句成語叫『潛移默化』，像當間諜的偷偷潛進對方的心坎，不說一句話，放個心靈炸彈，選擇適當的時機引爆，砰！你要幫助的對象就被你整個化掉了。」

錠堅說：「老獅，偶知道了！

要幫一個人，得學會從他的眼睛看事情，用他的語言說話，從他的角度思考，用他的方式生活。進入他的主體性，才有機會得到對方的認同與接納。」

老子莞爾：「不賴嘛！放幾天假回來，心變清了。」

錠堅說：「哈！老獅，做個結論嚕。」

老子說：「不管自愛還是愛人，都是從覺知出發，覺知卻是從無為的海洋升起。」

（原文：天下萬物生於有，有生於無。）

## 作者建議

這兩句是老子老獅很大的詭辭。

反者道之動，是講痛苦智慧，是內聖，是自愛。

弱者道之用，是談愛人之道，是外王，是他愛。

這兩句詭辭有很大的概括性，挺厲害的！

（40章原文：反者道之動，弱者道之用。天下萬物生於有，有生於無。）

# 如何面對真理
## （第41章）

老子說：「如何面對真理，可以分成三種人，三種態度。」

錠堅說：「喔？您老人家就一次說完唄。別像上回分三段說，您又常常玩智障不說話，搞冷場。」

老子說：「……」

錠堅說：「唉！老──師，您可以開講啦。」

老子說：「最厲害的是第一種人，他們聽到真理的玄妙（聞道），立馬勤快的行動，不搞理論，不臭屁，不著書立說，因為他們知道真理是屬於行動的，不是屬於理論的。第二種人聽聞真理（聞道），嘿！半信半疑。第三種人最爛咖，聽到真理就笑呀用力的笑、譏笑、嘲笑、冷笑、奸笑、大笑、沒氣質的笑、很賤的笑、很無恥的笑……直到笑到臉綠、臉黃、脫腸、脫肛、岔氣、幫尿……這些爛人不相信真理的存在，他們覺得就算存在也沒用，又換不了饅頭豆漿。不過在真理道上的行者，必然會被恥笑的，誤解是成長的必修學分啊！」

錠堅說：「老師呀！您怎麼講話那麼粗俗呀？」

老子說：「還不是你亂編的。」

錠堅說：「……」

（原文：上士聞道，勤而行之；中士聞道，若存若亡；下士聞道，大笑之。不笑，不足以為道。）

錠堅補充說：「老子老頭老師的意思是，面對真理有三種態度：一、
　　　　用行動學習。二、用頭腦懷疑。三、用恐懼的心取笑。（會
　　　　取笑別人其實是自己心裡害怕別人不跟自己一樣爛與軟
　　　　弱。）」

老子說：「我想來一段『詭辭』。」
錠堅問：「詭辭是啥東東？（裝不懂中）」
老子說：「詭辭就是詭異的言辭。」
錠堅說：「您老這樣說等於沒講嘛。（心裡暗罵放屁）」
老子說：「……」
錠堅問：「大哥，大師，解釋一下唄。」
老子說：「用反面的文字說明正面的真理，用曲折的方式表達簡單的
　　　　正確，用-A來說明A。我稱為『正言若反』，康德稱為『二
　　　　律背反』，或者稱為『直道曲成』，『轉彎的藝術』。在人
　　　　間嘛，這個真理永遠不會走直線的。所以貝多芬說：『我要
　　　　拉直命運的曲折。』」
錠堅說：「老師呀！你怎麼會認得康德，貝多芬……」
老子說：「還不都是你在給我亂編。」
錠堅說：「……（三條槓中）」
老子說：「……」
錠堅說：「又搞冷場了，大師，說詭辭吧。」
老子說：「光明的人生路必須通過黑暗。人生要學會進必須先學會退。
　　　　　坦蕩的心靈必須經歷崎嶇。上德之士的心靈像一座深谷。
　　　　　最乾淨的人格是不怕髒的。真正厲害的人像個沒學好的

學生。

　　做好人好事得像當小偷一樣暗著幹。真正堅貞的人格看起來很善變。

　　奔赴大方向的人是沒稜角的。大成熟者是很晚成就的。

　　壯美的聲音寂然無聲。壯闊的景觀是一種無形的震撼。」

錠堅拍手：「哇靠！老師，您說得真是太強了！」

老子說：「……」


老子說：「但有一種面對真理的態度，咱們每個人都要懂得。」

錠堅問：「說得很嚴重似的，是啥啊？」

老子說：「記住！真理是一個厲害的債主，總有一天，要還祂的。真理（道）這個東西，善於隱藏，又無名無形，但祂善於借貸給天下萬物，每個人都一樣，就像《無間道》說的：出來江湖行走，總有一天，要還的。如果你懂得成長、覺醒，該還的時候就會還得痛快。不然，躭於安逸，時候到了，就得用不同的形式付出代價了。」

（原文：道隱無名，夫惟道，善貸且成。）

錠堅說：「說得粉恐怖耶！老師，鬼月耶，不要醬講話好不好？」

老子說：「……」

忽然死老頭轉過來盯著我，說：「搞不好就是這個月要還，當下，就還。」

錠堅說：「那怎麼辦啊？大師？（驚恐中）」

老子說：「你說呢？」

（41章原文：上士聞道，勤而行之；中士聞道，若存若亡；下士聞
　　　　　　道，大笑之。不笑，不足以為道。
　　　　　　故建言有之：明道若昧，進道若退，夷道若纇，上德若
　　　　　　谷，大白若辱，廣德若不足，建德若偷，質貞若渝，大
　　　　　　方無隅，大器晚成，大音希聲，大象無形。
　　　　　　道隱無名，夫惟道，善貸且成。）

## 作者建議

　　有朋友看完這篇，說看到我對老子說話如此不敬，哈！但又感到
真是痛快！想學我亂扯一通。但她也表示用這種方式說《道德經》容
易懂多了。事實上，老子也是我的師父，而且可能是我最放鬆面對的
一位。或許很多人覺得文言文難讀，其實解讀文言文的過程很爽快，
文言文的質感跟能量跟現代的文字不一樣，讀通了有一種痛快感，文
言文又是壓縮性文字，所謂微言大義，所以文言文的閱讀其實是一個
創造性的領悟過程，而不只是分析與理解。

　　文中提到真理真的是一個很厲害的債主，早晚是一定要還的。
就像電影《無間道》說的：「出來江湖行走，最後一定要還的。」真
理，就是一個更壯大淵深的江湖。

　　又有朋友提及效用主義哲學家邊沁Jeremy Bentham說：「世界上
分成兩種人，第一種人把世界分成兩種人，另一種不這樣分。」老子
大概是那種不分之人吧。

# 老子談「太極」
## （第42章）

老子說：「真理會出現一體性的狀態。」

（原文：道生一。）

錠堅問：「老獅，您說的『一』就是指太極嗎？」

老子說：「是。」

錠堅問：「為什麼太極要用『一』代表呢？」

老子說：「因為太極真正的意思就是不能分割的生命狀態、能量狀態。而『一』是最後一個不能再分割的整數，所以咱們習慣用一代表太極。生命本來就是不能分割的整體，像真理一樣，個體只是頑固的假象。」

錠堅問：「老獅，這樣說很抽象耶！能不能講簡單一點。」

老子說：「就像鄭錠堅＝老子＝佛陀＝佛陀他媽＝蘇格拉底＝蘇格拉底的祖媽＝凱薩＝秦始皇＝李白＝李白的舅舅＝莎士比亞＝鋼鐵人＝浩克＝蜘蛛人＝唐老鴨＝露西＝瑪莉亞＝這張桌子＝樹上那隻小鳥＝水溝邊的臭石頭＝大暴龍＝三葉蟲＝阿米巴原蟲＝ET＝一朵小花＝清風＝流水＝獅子王＝獅子王的壞壞叔叔刀疤＝小鹿班比＝101忠狗＝你家的臘腸狗跳跳＝狗大便＝老虎大便＝……」

錠堅說：「停！停！我的媽呀！老獅！就像周星馳說的，您這樣講話我很亂耶！講結論，講結論。」

老子說：「結論就是，鄭錠堅＝大便。」

錠堅說：「……」

錠堅悲痛的說：「老獅！偶怎麼變成大便啦！用舉例好了，對！舉
　　　　　　　例，請舉例說明一體性。」

老子說：「行！像從量子力學的角度，萬物都是基本粒子的一體流
　　　　　通，而且基本粒子之間是遙距感應的……」

錠堅說：「停！停！您能不能舉簡單一點的例子。」

老子說：「行！從心靈力學的角度，只要一念無為，覺知升起，我們
　　　　　的覺知心可以感應天地萬物，印度的朋友佛陀就叫無緣大
　　　　　慈、同體大悲。」

錠堅說：「停！更簡單一點的例子。」

老子說：「也行！像我們心頭清明，就可以了解對方的心裡在想什
　　　　　麼，那我們跟對方就是處於一體性狀態。」

錠堅說：「噢！這叫心電感應。有更簡單的例子嗎？」

老子說：「好！又像太極拳的借力打力，對敵的雙方其實是一個整
　　　　　體；像游泳要順著水流，人跟水也是一體性的；像藝術家作
　　　　　畫寫詩，科學家專心研究，同樣要物我兩忘，也都是一種一
　　　　　體性的生命狀態。」

錠堅說：「這麼說，劍道就是人劍合一，花道就是人花合一，茶道就
　　　　　是精神進入茶的生命，父道就是老爸跟兒子合一，人子之道
　　　　　就是當兒子的跟老爸合一，天人之道就是人跟大自然合一，
　　　　　凱達格蘭大道就是人與凱達，噢！沒有啦！」

老子說：「其實太極的一體性狀態可以更簡單。像猶太人的禮拜日與
　　　　　彌賽亞日的觀念，就是生命完全整合的不工作日，只是全然

的歡慶、禱告、開心、玩樂、與家人團聚。又像俺中國人的
過年，也是一種太極氣氛的日子。」

錠堅說：「是呀！過年是警察不開單，小偷不上班的。」

老子說：「遇上嚴重天災全城全國的同心抗災，為國家隊加油，在高
峰攻頂的互相扶持，一起打拼的革命感情……等等，都是太
極一體性氣氛的表現。」

錠堅說：「老獅！我懂了！太極就是一體性、整體性，而所謂一體性
的生命狀態是可以很生活化的，是不？所以，無處不是太
極。」

老子說：「唉！現在才懂，笨！」

錠堅說：「……」

## 作者建議

　　太極其實是很具體的，從生活的層面來說，太極是隨處可以發
現的人生經驗與狀態。中國文化是一體性文化，不是分析性文化，我
們重群體、重「合」，不類西方文化的重個性、重「分」。而太極、
一體性是不容易說得清楚的，所以古代傳統充斥著不太愛說或把什麼
都說到一塊去的生活氛圍。譬如古人傳藝，傳授的不只是技術，連帶
品德、做人、精神、原理、倫常、格局、規矩、技藝，一股腦都傳下
去了。又譬如中國飲食文化的筷子，那幾乎是唯一的餐具、所有的餐
具，不像西餐餐具的分門別類、分工精細；相對的我們的筷子可以用
來夾、扒、撥、切、戳、甚至拿來喝湯，一體全包。是的！太極文化
就是整全的文化，就是心的文化，就是超越言說的文化。

# 老子談「兩儀」
## （第42章）

錠堅說：「老獅，您罵我笨，咱們師徒倆就分裂了，玩不成太極了。」

老子說：「小鬼，你難不倒老獅的，不玩太極，咱們就玩陰陽唄。真理會出現一體性的狀態，一體性的狀態會出現兩個基本方向。也就是太極生兩儀。」

（原文：道生一，一生二。）

錠堅問：「老獅，兩儀是蝦咪東東呀？」

老子說：「兩儀就是陰陽。」

錠堅問：「那陰陽又是啥挖溝呀？」

老子說：「真笨！兩儀就是兩個方向的意思，陰陽就是這兩個相反又相成的基本方向，陰陽就是人生矛盾又統一的兩種基本力。宇宙萬物都是由這兩種基本力構成，而兩種基本力的擁抱就是太極（一體性）。太極雖然是最高真理，但太極看不到、摸不著、說不清，而兩儀陰陽卻可以被找到，所以在人間學習真理，都是通過兩儀回歸太極的。事實上，在人間學習，陰陽才是關鍵。這就是太極生兩儀，兩儀歸太極的道理。所謂『道在虛無生一氣，便從一氣產陰陽，陰陽道盡人間事，循環歸一屢不爽。』」

錠堅問：「老獅，抽象呀！舉例，舉例，蝦咪工兩儀回歸太極。」

老子說：「笨徒弟就是笨！陽其實是山的向陽面，陰是山的背陽面，

但明暗陰陽就構成一座山的豐富生態，這就是陰陽回歸太極。」

錠堅說：「啊！」

老子說：「又像爸爸是陽，媽媽是陰，爸爸媽媽合一生下你這隻小鬼，也是陰陽回歸太極。兩國是陰陽，兩國談判成功也是陰陽回歸太極。」

錠堅說：「噢！」

老子說：「兩人決鬥是陰陽，但兩位鬥者合力才能激發出一場精采的對戰，陰陽回歸太極。」

錠堅說：「耶！」

老子說：「兩種文明的對話，兩種思想的交鋒，兩個戀人的磨合，感性理性的整合，心靈頭腦的匯通，冒險保守的分寸，衝動冷靜的取捨，歡笑淚水的互動，正負能量的相擁……都是陰陽回歸太極的道理。所以陰陽交鋒就是真理在人間的面相。」

錠堅說：「哈！老獅，我終於懂了。太極生陰陽，陰陽回歸太極。」

老子說：「唉！現在才懂。」

錠堅說：「老獅？」

老子說：「……（啪！）小鬼！你竟敢K老獅的頭?!」

錠堅說：「這樣我們師徒才能分成陰陽，學在陰陽中回歸太極呀！」

「吽吽吽吽吽吽吽吽……（青牛後腳開始踢土！）」

錠堅說：「快閃！危險……噢！好痛！」

## 作者建議

　　那「生」的意思又是什麼呢？太極生兩儀，「道生一」的「生」指的是什麼意思呢？

　　道生一的「生」比較弔詭，有點出現、呈現的意思──真理在人間會呈現一體性狀態。一生二的「生」就是分裂，從一體性分裂成兩種對反狀態，然後兩儀回歸、回返太極。這就稱為矛盾的統一率。中國文字經常有歧義，像一目十行與十全十美的十，意義就不同。所以「道生一」與「一生二」的兩個生，意義有差別。

　　從更深層的意義看，兩儀不盡然就是分裂，兩儀讓很多看起來矛盾的事很融合，兩儀提供了整合的可能。

# 老子談「三才」
## （第42章）

錠堅說：「老獅，您的牛牛好兇，撞得偶的屁屁好疼，這麼殘暴，咱
　　　　　們兩儀都玩不成了。」

老子說：「沒關係！不玩兩儀，咱們玩三才，剛好我、你、牛牛三
　　　　　隻。」

青牛：「哞哞──」

錠堅問：「老獅，又什麼是三才啊？」

老子說：「三才就是天人地，天在上，地在下，人在其中，所以是天
　　　　　人地。真理會出現一體性的能量狀態（太極），一體性的能
　　　　　量狀態會分裂成陰陽兩個基本力（兩儀），陰陽兩個基本能
　　　　　量會進入天人地三個系統。」

錠堅問：「老獅，您還是沒說清楚嘛。」

老子說：「三才就是三個性質的系統，簡稱為三個系統，太極是終極
　　　　　的軟體，陰陽是進一步分裂的兩個軟體，而三才比較屬於人
　　　　　間的硬體，陰陽二力，落入人間，必然進入天人地三個硬
　　　　　體，而演化出萬事萬物。」

（原文：道生一，一生二，二生三，三生萬物。）

錠堅問：「那天人地是啥意思？」

老子說：「天指天道、真理；人指各種大大小小的人類文化；地就是
　　　　　大自然。所以天人地就是真理、文化、大自然系統。或者說

原理、文化、物質三個元素。」

錠堅問：「老獅，舉例，還是舉例說明唄。陰陽兩種能量怎樣進入原理、文化、物質三個系統去運作。」

老子拿起眼前一個陶碗，說：「像這個陶器，是水、火、土三個元素鑄造的器皿，這是他的製作原理，這是『天』的系統；這陶碗是春秋時代的鑄造風格，樸素但大氣，代表了那個時期的藝術文化，這是『人』的系統；至於物質，應該是取材自仰韶文化陝西一帶的紅土，這就是『地』的系統囉。」

錠堅說：「老獅，有點懂了，放在現代，像一個企業體的例子——企業的精神、經營的理念，這是『天』；企業領袖豐富的人生智慧與市場經驗，這是『人』；至於對一個企業來說，資金、物流、市場、原料、通路、設計、行銷、研發、策略等等物質性的資產，就是『地』的元素了。」

老子點點頭：「說得很好！萬事萬物都是由天人地三個元素構成的，任何一事一物荏弱或能量不足，就可能是三個元素其中一或兩個出了問題。自行檢查一下自己的天人地，哪個地方匱乏或扭曲。」

錠堅說：「老獅，就像一段感情能不能成功，首先要看看懂不懂愛情哲學、愛情原理以及心純不純正，這是愛之『天』；再來要累積戀愛經驗、愛情功夫、愛的智慧，這是愛之『人』；當然，經營一段感情還是需要錢錢、資源、工具的，這是愛之『地』。也就是一段感情的成功依賴愛情原理、愛情功夫與愛情資源的掌握。」

老子說：「說得很好嘛。」

錠堅說：「那您、我、牛牛怎麼成就三才呢？」

老子說：「我當然是代表天道囉，我老獅嘛，牛牛來自大自然，當然是地道嚕，你嘛，心裡頭亂七八糟的，人心駁雜的代表，你就是人道唄。」

錠堅嘀咕：「又是我挑最衰的………」

老子說：「小鬼，人心、人道、人的學習其實是最重要的。陰陽二力進入三才系統，天道基本上是陽的，地道必然是具體的，是陰的。所以天陽地陰，是恆定不變的設定，唯有人道是陰陽激盪、駁雜交纏的，也唯有人的力量可以整合陰陽，由三見二，從二歸一，回歸太極。所以人間的學習才是真正的主題。」

錠堅說：「噢！」

老子說：「真理會出現一體性的能量狀態，一體性的能量狀態會分裂成陰陽兩個基本力，陰陽兩個相對又統一的基本能量會進入天人地三個系統，從此演化出宇宙萬象。這是由上而下的天道演化；逆返的，由下而上的人道學習，就是由繁而簡，由三見二，加上無為或空性的功夫（沖氣），再由二歸一，返回太極整而不分的真理之海。小鬼，懂了嗎？」

錠堅說：「哇！那咱們三才擁吻一下。」

bird！bird！

老子與青牛嘔吐中。


（42章原文：道生一，一生二，二生三，三生萬物。萬物負陰而抱陽，沖氣以為和。）

# 柔軟的力量
## （第43章）

老子說：「天下間最柔軟的力量，才能在最堅固的結構最頑固的地方往返奔馳。沒有執著的存在，才能滲透進沒有間隙的壁壘。」

（原文：天下之至柔，馳騁天下之至堅。無有入無間。）

錠堅說：「像水能穿石。」

老子說：「答案太普通。」

錠堅說：「像柔能克剛。」

老子說：「你在玩成語接龍呀？」

錠堅說：「好！偶說個深一點的例子。像技擊中的以靜制動，高明的武者心田一片空明、鬆活柔軟，但敵手一發動，立生感應，攻擊破綻，一招制敵。這就是至柔馳騁至堅的例子。」

老子說：「好！還有嗎？」

錠堅說：「像媽媽的感情是最柔軟的，但媽媽是世間最勇敢的；文明表面看是軟弱的，但長期來說文明可以征服野蠻；謙虛看起來是最卑下的，但謙虛的心靈學習能力最強；心是無形的，但心的力量卻是最強大的力量；種子是最幼小的，但種子的生命力卻可以穿越千年仍能發芽開花。」

老子說：「說得好！所以無為不只是一種心靈修養，無為還有實用價值。」

（原文：吾是以知無為之有益。）

老子又說：「不要想用言語、理論感動人，得用人格、行動感動人。
　　　　　這叫『不言之教』，也是一種無為、柔軟的力量。天底下很
　　　　　少有力量可以超越它的。」

（原文：不言之教，無為之益，天下希及之。）

錠堅說：「……」

老子說：「小鬼，你怎麼不說話？」

錠堅說：「……」

老子說：「你腦殘了？」

錠堅說：「……」

老子說：「你在玩不言之教是不？好樣的！牛牛！用你天下至堅的角
　　　　　試試小鬼天下至柔的屁屁。」

青牛：「吽吽吽吽～～～～～（青牛在踢土）」

錠堅說：「救人呀！」

## 作者建議

　　43章《老子》講柔軟的力量。對人好可以是簡單柔軟的，愛情本
來也是可以過而不留的。

　　愛之所以柔軟，有一個很關鍵的因素，就是「空」。其實我覺
得愛與空是兄弟，不！是夫妻的關係。就像早上看到幼教女師被失控
男友砍死的社會新聞，忍不住想說：這就是沒有空的愛。事實上沒有
空的愛，就可能不是真愛。周星馳的《西遊降魔篇》說得是對的，大
愛小愛的本質基本上是一樣的，如果不覺知，大愛也會變質成暴政或

驕傲,大愛其實並沒有比較偉大。同樣的,小愛(指男女之愛)也有許多山寨版,譬如佔有慾、軟弱、自我膨脹、性慾、控制慾等等。我一位老師的名言:愛情呀!多少人假汝之名行非愛情之實。從另一個角度看,真正的愛情是現在進行式——沒有要求的在當下忍不住對妳(你)好!真愛不應該有承諾,那是未來式;也不需要留戀過去的美好,那是過去式。愛情當然可以分手,因為真愛是當下,如果當下的課題是分手,真愛當然包括放對方走。愛應該像老子哲學,愛是一種無為。最後我必須說,愛情不等於婚姻,婚姻是另一個問題。愛情也不等於承諾,我不能給妻子任何承諾,因為承諾不屬於當下,那不是真的,承諾是未來式,所以是虛構的。但結婚快30年,我在當下,愛著她,她是唯一。我要說的是,承諾不是真的,當下才是,當下的覺知才是。

　　大愛有真假,小愛也有真假。如果說愛=無為、覺知、當下,那就接近真實的愛了,不管大小。現實人生的情況是,一不覺知,愛就變成假貨。對我來說,愛就是愛,大小的界線是模糊的。大愛其實相對恐怖,一旦變質的話。因為它容易變成一種高對下的傲慢姿態,一種「你不懂我是為你好所以我教你應該怎麼做」的驕傲。像希特勒、聖戰士、毛澤東、許多邪教教主,都自認為是大愛。所以我覺得愛不用分大小,只要問乾淨不乾淨,無為不無為,純粹不純粹就好。愛沒有大小問題,只有品質問題。是的!大愛與驕傲是兩回事,同理,愛情與佔有慾也是兩回事。後者都因為心不純,不夠無為,就變質成傲慢與佔有慾了。事實上,慈悲(大)與愛情(小)都可以是很美麗的。只要不要求與無為。

　　一位朋友說那個砍殺女朋友的新聞事件的男生沒有建立「要不到

東西的腦內反應程式」，這男生像一個要不到糖吃的小朋友，採取賴在地上大哭大鬧的方式去反應大人不給糖吃的行為，如果大人沒有教育這小朋友該如何回到社會所謂的正常行為，幫助他建立正確反應程式，結果就成了今天的新聞事件。所以建立正確的的腦內程式是人生中的必須學習。這個說法很好，但在建立正確的的腦內程式之前，先得將既有的佔有慾或控制慾程式拋掉，那就是空，先清空，才能裝設正確的程式——正確的愛、乾淨的愛、空的愛。

# 生命永續使用
## （第44章）

老子說：「名聲與人格哪個重要？

　　　　健康與財物哪個寶貴？

　　　　得到與失去哪個會讓生命生病？

　　　　熱愛會製造龐大的消耗。

　　　　大收藏會製造大損失。

　　　　懂得滿足的才不會被侮辱。

　　　　懂得停止才不會讓自己身陷危險。

　　　　這才是生命長久的狀態。」

錠堅說：「名聲名氣絕對是真實生命的簡化，名氣會製造壓力與傷害，

　　　　名會亂心，名氣會腐蝕人，對成熟的人來說名沒有意義。

　　　　健康是最大的財富，這是老掉牙的話，也是大實話。

　　　　會製造生命的疾病的，是人生的加法，不是生命的減法。

　　　　排隊買蘋果只是花小錢，追求終身的熱情才是大消耗。

　　　　藏錢易破財，藏氣會傷身，收藏生命陰影會造成人格扭曲。

　　　　滿足就是富有！富有不是外在的數字，富有是內在的狀態。

　　　　停止哲學是一種心靈的智慧、態度與高度。

　　　　老獅，您這一課是講『生命永續使用之道』嘛。」

老子說：「……」

錠堅說：「萬歲！今天早下課！停止哲學哩！」

（44章全文：名與身孰親？身與貨孰多？得與亡孰病？甚愛必大費。
多藏必厚亡。知足不辱。知止不殆。可以長久。）

# 老子說兩種學習的三種關係
## （第48章）

錠堅問：「老獅，今兒上課要講些什麼呀？」

老子說：「兩種學習。」

錠堅問：「哪兩種呀？」

老子說：「知識的學習與真理的學習。」

錠堅說：「就請您開打，不！開講吧。」

老子說：「知識性的學習要一天一天的增加。真理性的學習要一天一天的減少。」

（原文：為學日益，為道日損。）

錠堅說：「噢！生命成長的加法與減法。」

老子說：「……」

錠堅說：「加法加的就是知識、學問、經驗、閱歷、智慧、專業、謀生、人脈、做事、技術等等的正面能力與能量。老獅，是吧？」

老子說：「……」

錠堅說：「減法減的就是緊張、焦慮、恐懼、軟弱、固執、貪慾、痛苦、逃避、衝動、冷漠等等的負面情緒與能量。老獅，對不？」

老子說：「……」

錠堅說：「又不說話。好吧！人生同時需要生命成長的加法與減法，

加法是『有為』，減法是『無為』；加法傾向『外在的學問』，減法傾向『內在的學問』；加法是『人間道』，減法是『心性道』；加法是人間行道的鍛鍊，減法是內在障礙的清除。老獅，您好歹說個話，是不是醬？」

老子說：「還有這兩種學習的三種關係。」

錠堅說：「啥？還有？那麼強！老獅，請說第一種。」

老子說：「第一種是知識學習與真理學習的平行關係。」

錠堅說：「老獅，您重複講廢話，這剛剛提到了，學習知識是『加法』，要天天增加；學習真理是『減法』，得天天減少。這兩種學習當然是平行的，不一樣的。那第二種關係呢？」

老子說：「第二種是知識學習與真理學習的矛盾關係。」

錠堅說：「老獅，您的意思是說對真理學習來說，太多的知識有時候會形成一種障礙。填鴨、泛科學主義、盲目的追求知識，反而會造成更大的內在成見、固執與負面能量，知識學習會成為真理學習的矛盾關係。是啊！人有時候讀書愈多會愈讀愈腦殘，知識成了心障，人成了書呆，這是經常會發生的事兒。有意思！是這個意思吧？對不？老獅。」

老子說：「第三種是知識學習與真理學習的互動關係。」

錠堅說：「矛盾還可以蛻變成互動喔？怎麼說？」

老子說：「其實在生命學習或生命成長的歷程中，人才是主題，學習者的狀態才是主題。生命的高度是由人或人心決定的，不是由知識或真理決定的。成熟的人書讀愈多，見識愈廣，視野愈深，頭腦愈通達，確實會更有助於內在障礙的放下，知識不只不會成為真理學習的阻力，反而會成為助力。相對的，

內在的障礙愈清除，內心愈沒有成見與固執，也會回過頭來幫助我們書讀得愈好，真理學習也會變成知識學習的一種利多。

　　生命成長的加法會幫助我們減得更乾淨，生命成長的減法也會讓我們加得更帶勁。」

錠堅說：「厲害呀老獅！我整理一下——

一、平行關係是為學要日益（知識學習），為道要日損（真理學習）。

二、矛盾關係是當為學日益了（書讀多了），為道就日損了（真理變弱了）。

三、互動關係是為學日益了，為道就日損了；同樣的，為道日損了，為學也會日益了。

　　厲害耶！好！現在我就長長知識，增長見識，我就為道日損了。」

老子說：「小鬼！你在幹……啥！（老子驚恐中）你在看妖精打架！！！」

錠堅說：「老獅，落伍了！這不叫妖精打架。這叫A片，我在學習社會現象觀察呀！A片看多了，心就乾淨了。」

老子說：「你放……屁！（老子昏倒中）」

錠堅說：「救人呀！老獅昏了！牛牛，過來，放屁臭醒老獅。」

青牛：「吽吽吽吽吽吽吽！」

# 老子說生命減法三階段
## （第48章）

錠堅說：「老獅，您上回講的『三種關係』，好像話沒講完耶。」

老子說：「小鬼腦袋瓜就是轉得快。」

錠堅說：「是金的呀！」

老子說：「除了學習知識與學習真理的三種關係，還有生命減法的三個階段，也就是『無為』的三個階段。」

錠堅說：「那請您開講吧。」

老子說：「上回咱們說真理性的學習要一天一天的減少。減的是緊張、焦慮、恐懼、軟弱、固執、貪慾、痛苦、逃避、衝動、冷漠等等的負面情緒與能量。這是生命減法的第一個階段。」

（原文：為道日損。）

錠堅說：「老獅，隔壁孔老獅的後學王陽明老獅好像也講過類似的話耶，他說『我們這些人用功喔，只做減法，不做加法，減掉一分人性的慾望，就是恢復一分天上的道理。』王陽明老獅覺得他自己醬的方法很爽、很簡單。呀！偶想到了，『為道日損』就像擦一面心靈的鏡子，鏡面上沾染了許多塵垢，擦掉一點，就回復一點鏡子的反照能力，擦掉兩點，就回復兩點鏡子的反照能力……是不是醬說呀老獅？」

老子說：「………」

錠堅問：「唉！老獅又搞自閉了，那第二個階段呢？」

老子說：「負面的情緒與能量一天天的減損，到最後心如明鏡，心田
　　　　一片磊磊落落、澄明朗朗，達成全然虛靈清淨的心性狀態，
　　　　這，就是『無為』的意思。也是生命減法的第二個階段。」

（原文：損之日損，以至於無為。）

錠堅說：「不對耶！好獅。您說的不就是修行的最高境界嗎？怎麼還
　　　　有第三個階段？」

老子笑笑不語，盯著學生。

錠堅說：「老獅，您醬看人粉恐怖耶！什麼跟什麼呢？」

老子笑說：「你真的不懂嗎？」

錠堅說：「您是說無為之後是……有為？」

老子說：「清淨的心靈最後要落入汙濁的人間。這是生命減法的第三
　　　　個階段。」

（原文：無為而無不為。）

錠堅問：「無不為不是無所不為吧？」

老子說：「無不為是靈動活潑、沒有條條框框的做事能力。」

錠堅說：「老獅！我想起來了，您的『無為而無不為』，孔子老師叫
　　　　『無可無不可』，佛陀老獅就喚作『真空妙有』。無為是無
　　　　不為的修養基礎，無可是無不可的人格土壤，真空是妙有的
　　　　靈性基地。道、儒、佛都有生命成長的共同見地呀！」

老子說：「所以咱們道家的學問最終是指向人間。
　　　　內聖最終指向外王。
　　　　無為最終指向有為。
　　　　再高的靈性境界最後還是要回到破銅爛鐵的人生呀！」

錠堅說：「老師說得帥極了！所以無為的三境界，生命減法的三個階
　　　　段就是——
　　　　一、為道日損。這是成長的境界。
　　　　二、損之又損→無為。這是天上的境界。
　　　　三、無為而無不為。這是人間的境界。」
老子說：「所以成佛成祖、為聖為王，不管你多了不起，最後還是要
　　　　老老實實的坐下來吃好人間的一碗飯。」

（48章原文：為學日益，為道日損。損之又損，以至於無為。無為而
無不為。）

# 老子說完成一件事的四個條件
## （第51章）


錠堅發呆中。

老子騎著青牛晃過來，說：「喂！小鬼，lee衝啥？」

錠堅說：「老獅！您講話愈來愈沒氣質耶。」

老子說：「你說跟我愈來愈久，就愈來愈腦殘；那我跟你混得愈久，也變沒氣質囉。」

錠堅說：「說的也是。」

老子說：「而且還不是你亂編的。」

錠堅說：「……」

老子說：「好啦！你究竟在呆啥？不要跟我說你在彷彿的存在之中。」

錠堅說：「沒啦，您最近談的學問都很玄，都偏向『內在性』，我就在想能不能請您談談『外在性』的學問。」

老子說：「Of course！」

錠堅嘀咕：「死老頭，還撂英文內。（滿臉虛偽笑容中）請您說唄。」

老子說：「我來說完成一件事的四個條件。」

錠堅說：「噢！我想一件事包含一段感情，一個目標，一椿事業，一趟學習，一件工作……」

老子說：「第一個條件──原理（道）。掌握你正在做的事情的原

理，事情做起來的品質就是不一樣。」

錠堅說：「讚！就像愛情，談戀愛前如果懂得愛情哲學，戀愛的品質就比較可以顧到囉。舉個例子，愛情有天生不需要學習的部分（愛的需求），也有後天需要學習的部分（愛情功夫），一般人只知道前者，不好好去修煉後者，所以戀愛就常常談得狼狽不堪。這就是其中一項愛的原理或愛情哲學嘛。」

老子說：「第二個條件──經驗（德）。除了要懂得原理，做任何事都要累積深厚、成熟的經驗，這是很重要D。」

錠堅說：「水！就像談戀愛貢菇18次，愈來愈了解自己適合什麼女孩，愈來愈知道怎樣跟女孩子相處，在貢菇的歷程中愈來愈看見自己的缺點及心魔，愈來愈懂得怎樣才是真正的對對方好，也愈失敗愈成熟。是呀！累積經驗值很重要呀！做任何事都要有功夫。」

老子說：「第三個條件──資源（物）。前兩項是主觀條件，後兩項是客觀條件，事情要做好，也當然要有物質性的幫助。」

錠堅說：「也對！追女孩當然要有鈔票、鮮花、金莎巧克力、小卡片、小禮物、愛的車車，這些都是要錢的耶，還有夜店門票、酒錢、迷藥……唉唷！痛！幹嘛K我頭！」

老子說：「黑白講！教壞囡仔大細！」

錠堅說：「（苦著臉中）老獅啊！開玩笑嘛！幽默！懂不懂？我那麼正派！奧修師傅也說過，嚴肅是一種罪惡耶……唉唷！還K！」

老子說：「奧你的頭了！我幫修修再K你一下。」

錠堅說：「別K了！別K了！繼續說完吧。」

老子說：「第四個條件——環境（勢）。做事情，環境、形勢、運氣
　　　　　的配合還是很重要的。有時候事情不是你想做好就可以做好
　　　　　的。」

錠堅說：「對啊！懂得愛情哲學了，累積愛情功夫了，又有錢錢了，
　　　　　最後還要看雙方是不是準備好進入一段感情呀，時機對不對
　　　　　呀，氣氛夠不夠浪漫呀。」

老子說：「原理（道），經驗（德），資源（物），環境（勢）——
　　　　　完成一件事的四個條件。」

錠堅問：「老獅？」

老子說：「……」

錠堅問：「您到底有沒有談過戀愛呀？」

老子說：「……」

錠堅問：「怎麼豆沒見過師母呀？」

老子說：「……」

錠堅問：「我只看到您整天跟牛牛混在一塊，難不成你們倆……？」

「吽——」青牛帶著不友善的眼神一步一步靠近中……

## 作者建議

　　老子老獅說完成一件事的四個條件，整理如下：

一、道／原理／真理條件／基本原理要懂，出發點要對。

二、德／經驗／修養條件／要有累積、功夫、素養。

這兩個是主觀條件，自己可以充分掌握的。

三、物／資源／工具條件／做事情當然得有工具的協助，要儲備

物資。

四、勢／形勢／環境條件／察情度勢，要有形勢的配合。

這兩個是客觀條件，自己無法充分掌握的。

所以我們做任何一件事不成功或不夠好，可以照著老子老獅這四個條件檢視，看哪一環節沒做好、疏忽或注入的能量不夠強。

喔！還是好痛！臭牛牛！（揉揉屁股中）

這一篇討論老子老獅的「道德物勢」，完成一件事的四個條件。但有朋友特別對裡面所舉的愛情例子感興趣，事實上愛情的原理與功夫是講不完的，這篇主要不是講愛情，愛情只是舉例，主要是寫給年輕人參考用的。但既然友人提出，就跟他交換了一下意見，下面是討論的摘錄。

朋友認為關於愛情原理，有人是這麼說的：崇拜與憐憫就是愛情的要素。紅極一時的日劇《跟我說愛我》就是代表作。豐川悅司飾演一個不會說話的天才畫家，有才華但有缺陷，同時具備崇拜與憐憫兩個要素，當時好多女生喜歡他。另外，又像木村拓哉、常盤貴子演的《美麗人生》，美麗的女主角不會走路坐輪椅，才華洋溢的男主角不善交際，工作受挫──都有了讓人既崇拜又憐憫的要素。唔！崇拜與憐憫？我覺得這是很耐人尋味的想法？但有點疑慮？崇拜是下對上，憐憫是上對下，感覺這兩種感情都有點糾纏，我的經驗比較簡單，什麼是愛情？愛情就是情不自禁的想對妳好，跟妳在一起但不是佔有妳。

朋友說第三個「物」的條件也真的很重要，在路邊攤談戀愛跟在高級餐廳燭火晚餐的幸福感是不一樣的，大概不會有情侶吃完路邊

攤後，在那邊握著手，深情相望，編織未來。我知道有人會反對，我自己先寫，吃完路邊攤後，一樣可以去公園，去校園，在昏黃的燈光下深情相望。但馬上另一位朋友跳出來說她是會吃完路邊攤可以編織未來的那個。哈！可見對「物」這個條件的滿足感，每個人是不一樣的，個別性與獨特性蠻強的。

朋友又認為第四個條件「勢」，難的時候真的很難，身分不對，對象不對……這樣的例子很多，像羅密歐與茱麗葉、〈傾城之戀〉裡的白流蘇與范柳原、《臥虎藏龍》裡的李慕白與俞秀蓮、甚至《斷背山》裡的艾尼斯與傑克……動人的愛情裡，好像都有阻礙，不過有時一想，恰巧是阻礙，覺得是不可能的，反而讓彼此在相識時，以為對方是安全的，而卸下心防，阻礙又剛好造成適當的時間與空間來醞釀愛情。而且有時候勢「不對」，反而是愛情萌芽、發展的關鍵。套用現代商業術語，勢「不對」就像是愛情模式裡的「飢餓行銷」。是的！這樣講勢很深刻，勢不是絕對的，勢的發展千變萬化，成熟的心胸就會懂得隨時隨機去調整；逆勢，有時反而會成就一種新的勢。

（51章原文：道生之，德畜之，物形之，勢成之。）

# 老子說如何守住覺知媽媽
## （第52章）

老子說：「天下萬物的開始一定有個媽媽，知道媽媽，就了解兒子，
　　　　了解兒子，回過頭去好好守住媽媽，就一定死不掉。」

（原文：天下有始，以為天下母。既知其母，復知其子，既知其子，
復守其母，沒身不殆。）

錠堅說：「老獅呀！lee貢蝦咪呀？又媽媽又兒子的，誰是媽媽呀？
　　　　誰又是兒子呀？」

老子說：「媽媽就是道（從真理面說），媽媽就是覺知（從人性面
　　　　說），兒子就是物質，兒子就是工具。道媽媽物質兒子，覺
　　　　知媽媽工具兒子，道為體物為用。這就是人間大絕招。」

錠堅問：「噢！了！那老獅，要怎樣才能回頭守住覺知媽媽呢？」

老子說：「把嘴巴閉起來，因為說話是很消耗生命能源的；把耳、目
　　　　關起來，不去無明的追逐資訊；然後終身學習不用力的、不
　　　　能有火氣的、虛靈的、空空鬆鬆的、彷彿的使用覺知。」

（原文：塞其兌，閉其門，終身不勤。）

錠堅說：「是的！真理是沉默的，要學會節省珍貴的生命能源，才能
　　　　守住覺知媽媽。一直講話，一直盲目的追逐知識，離開真理
　　　　就愈來愈遠了。」

老子說：「相反的，一直嘴巴呱呱呱不停，整天拼命的工作，生命
　　　　能量外溢，覺知愈見淡薄，會容易犯下終身不能挽救的錯

　　誤。」

（原文：開其兌，濟其事，終身不救。）

錠堅說：「老獅，您好像在說政客、名嘴、嘴皮子運動家耶。」

老子說：「覺知媽媽可以覺察到種種微妙的生命變化。（原文：見小
　　　　　曰明。）守住柔軟靈動的覺知媽媽其實就是擁有強大的力
　　　　　量。（原文：守柔曰強。）使用覺知之光，回到覺知的明
　　　　　銳，就不會給自己帶來災禍。（原文：用其光，復歸其明，
　　　　　無遺身殃。）能做到這樣，就是繼承真理的恆常了。（原
　　　　　文：是謂襲常。）」

錠堅說：「哇！老獅，講得真好！不敢跟您搞蛋了，一鞠躬！」


（52章全文：天下有始，以為天下母。既知其母，復知其子，既知其
子，復守其母，沒身不殆。塞其兌，閉其門，終身不勤。開其兌，濟
其事，終身不救。見小曰明。守柔曰強。用其光，復歸其明，無遺身
殃。是謂襲常。）

# 關於「修德／德業」
## （第54章）

老子說：「善於建立這種事業的不會被拔除。（原文：善建者不
　　　　　拔。）善於守成這種事業的不會被奪取。（原文：善抱者不
　　　　　脫。）而且後代子孫的祭祀懷念不會停止。（原文：子孫祭
　　　　　祀不輟。）」

錠堅問：「老獅呀！講了半天，到底是哪種事業可以做到這種程度
　　　　　啊？」

老子說：「當然是，德業。」

錠堅說：「老獅呀！道德真正的意思不是指規矩，道德就是人生道路
　　　　　上撿拾到的心得，是不？所以德就是一種內在的成長，德業
　　　　　就是內在成長的事業。我這樣說對嗎？」

老子點頭。

錠堅問：「請您多說一點關於內在成長事業的見解吧。」

老子說：「修一個人的德，幫助自己的成長，我們的內在開始變得純
　　　　　粹，生命漸漸的出現變化。」

（原文：修之於身，其德乃真。）

錠堅說：「真，有兩個意義，純粹與變化。真人，就是一個生命變化
　　　　　的人。」

老子說：「修一個家的德，幫助一個家的成長，我們的內在能力開始
　　　　　變得行有餘力了。」

（原文：修之於家，其德乃餘。）

錠堅說：「幫助的範圍變大，修德者也變強了。」

老子說：「修一個社區的德，幫助一個社區的成長，我們的生命才算
　　　　　真正的成長。」

（原文：修之於鄉，其德乃長。）

錠堅說：「原來內在成長不是一個人的事，生命是一個一體連動的現
　　　　　象。」

老子說：「修一個國家的德，幫助一個國家的成長，我們的內在漸漸
　　　　　豐富到可以通天了。」

（原文：修之於國，其德乃豐。）

錠堅說：「豐，這個字就是豆子形狀的器皿，裝著剛收割的小麥去祭
　　　　　天。」

老子說：「修一個天下的德，幫助一個天下的成長，我們的內在能量
　　　　　就會成熟到普遍流行囉。」

（原文：修之於天下，其德乃普。）

錠堅說：「哇！一個人內在的成熟原來可以到停不下來的程度。」

老子說：「是啊！德是愈付出，愈豐富；愈磨鍊，愈成熟；愈服務，
　　　　　愈壯大的。內在世界的成熟與外在世界的開展是一體互動
　　　　　的。」

錠堅說：「哇！好像很強的樣子。」

老子說：「還有一點要注意的。
　　　　　就是要用修一個人的德的標準，來要求一個人。
　　　　　用修一個家的德的標準，來要求一個家。
　　　　　用修一個社區的德的標準，來要求一個社區。

用修一個國家的德的標準，來要求一個國家。

用修一個天下的德的標準，來要求一個天下。」

（原文：故以身觀身，以家觀家，以鄉觀鄉，以國觀國，以天下觀天下。）

錠堅問：「老獅，這是啥意思呀？」

老子說：「就是對對方發出的要求要恰當與準確。這才是生命的要求，生命的要求是永遠不應該過份的。對低層次不能要求高標準，這是殘忍；對高層次卻不能要求低標準，這是放水與縱容。從對方的立場考慮對方，這是最人性化的觀點。」

錠堅說：「所以內在的成長與事業沒有強制性，尊重每一個生命的主體性。德的世界是自由與柔軟的。」

老子說：「我怎麼知道這世界還有希望呢，就是因為人間有德啊！」

（原文：吾何以知天下之然哉？以此。）

錠堅說：「老獅，對您一鞠躬！」

## 作者建議

老子老獅這一章談德業，各位看倌不覺得跟儒家很像嗎？

老子老獅的修身德真→修家德餘→修鄉德長→修國德豐→修天下德普，跟《大學》的格物→致知→誠意→正心→修身→齊家→治國→平天下，不是意義很接近嗎？這是儒道同流一個很好的印證。

內在的成長與事業是別人搶不走的，內在靈性是愈付出愈成熟的，內在成長是全然自由與沒強制性的，而且老子最後說，內在的德是人間尚存的希望呀！

（原文：善建者不拔，善抱者不脫，子孫祭祀不輟。

　　　修之於身，其德乃真；修之於家，其德乃餘；修之於鄉，其
　　　德乃長；修之於國，其德乃豐；修之於天下，其德乃普。
　　　故以身觀身，以家觀家，以鄉觀鄉，以國觀國，以天下觀天
　　　下。吾何以知天下之然哉？以此。）

# 關於「老子三寶」與「媽媽哲學」
## （第67章）

老子說：「我有三件寶貝，我一直珍藏與寶貝著它。」

錠堅說：「老獅，啥寶貝呢？給偶看看吧。」

老子說：「第一件是慈愛，第二件是生活簡單化，第三件是謙退哲
學。」（原文：我有三寶，持而寶之。一曰慈，二曰儉，三
曰不敢為天下先。）

錠堅說：「哈！老獅，我看第一件根本是你濫情嘛，第二件是因為你
窮，第三件是你沒種吧。」

叩！叩！叩！

錠堅說：「唉唷！老獅，好痛耶！說您的壞話，也不能生氣敲偶的頭
呀！」

老子說：「敲你的頭不是因為生氣，是要加深你的印象。小鬼，你誤
會大了。」

錠堅說：「那三寶是啥東東啊？」

老子說：「第一件，慈愛不只是慈愛或愛心那麼簡單，愛是勇氣的
根，愛是力量的泉源。像衝進火場救孩子的媽媽，是天下最
勇敢的人。」（原文：慈故能勇。）

錠堅說：「噢！所以愛不只是愛，愛是一種強大的力量與能源。」

老子說：「第二件，儉就是簡約、簡單、樸素。簡單是豐富的根，樸
素是複雜的媽媽，愈簡單的原理愈能衍生出複雜的變化。像

電腦的0與1，圍棋的黑與白，漫長宇宙演化的二象性（質能
／波粒／正反／時空／明暗），人生千變萬化的陰與陽。生
命的源頭總是簡易的。愈簡單，愈複雜。」

（原文：儉故能廣。）

錠堅說：「哇！所以簡單化不只是簡單化，讓事情簡單是一種探源的
　　　　努力。」

老子說：「第三件，謙是學習的根，謙是最佳學習狀態。其實大部分
　　　　人不了解『謙』的真正意義，對謙，最好的解釋是『中空狀
　　　　態』——將成見、過去經驗、執念、所學到的知識全然掏
　　　　空、忘卻、蒸發，讓心靈保持在中空的狀態之中，那這樣的
　　　　心靈狀態是吸收力與學習力最強的心靈狀態，就像可以吸走
　　　　別人功力的吸星大法，就像一座清空的倉庫可以裝進最多的
　　　　貨物。所以一個謙讓的人是一個學習力最強的人。這樣一個
　　　　謙謙君子遇到事情，不會冒冒失失的向前衝，因為他一定是
　　　　先行清空與學習，就會自自然然的退讓，但一個學到最多東
　　　　西的人，當然容易成為人中的長器囉。」（原文：不敢為天
　　　　下先，故能成器長。）

錠堅說：「嘿！老獅，原來您不是沒種，是真正的狡猾，不動聲息的
　　　　在暗地裡學東西。」

老子說：「如果失去三寶——沒有愛的勇敢會變成暴力，失去根本原
　　　　理的變化會成為形式遊戲，不懂謙退的冒失就只是淺薄。生
　　　　命力就枯萎、僵化了。」

（原文：今捨慈且勇，捨儉且廣，捨後且先，死矣。）

錠堅說：「哇！真厲害喔！」

老子說：「慈愛還是最重要的原則。愛的力量，用來進攻攻無不克，
　　　　用來防守固若金湯，如果老天爺守護一個國家，就會賜給它
　　　　愛的力量。」

（原文：夫慈，以戰則勝，以守則固，天若佑之，以慈衛之。）

錠堅說：「老獅，水啦！我愛你！」

老子嘔吐。

錠堅說：「老獅，我給您第一件寶貝耶！您不可以吐了。」

老子說：「……」

## 作者建議

　　這一章除了看到老子三寶，也讓我們看到老子老獅的媽媽哲學。

　　老子老獅的學問是嬰兒哲學、媽媽哲學、水的哲學，柔弱哲學。

　　媽媽哲學不只是一種愛的哲學，更是一種很厲害的做事方法。
我常用的一個例子：如果人的生命擁有一百個單位的能量，基本上每
個人差不多，聖人不會多出幾個能量單位，弱智的也不會少幾個。一
個佛，就是用了十個單位在基本的生存上，其他的能量單位都用來開
發靈性，所以他成了佛。普通人就將其他九十個能量單位用來談戀愛
了、勾心鬥角了、聊八卦了、看無聊電視了、打電玩了、工作了……
那一個媽媽呢？媽媽剩下的九十個能量單位都放在她的baby上呀！所
謂母子連心，這也解釋了為什麼一個嬰兒晚上尿布布，睡死了的媽媽
卻有能耐馬上警醒的跳起來，知道她的baby要換布布了，也解釋了為
什麼在火場中救孩子的媽媽可以力氣大到扛起沉重的樑柱，這不是超
能力，是媽媽的能量單位幾乎完完全全用在孩子身上了。成語就叫

「無微不至」。也就是說，如果用這種「媽媽哲學」去做任何事，還有啥事是搞不定的嗎？學一門東西，當一個老闆，治理一個國家，打一場仗，守一座城，都像媽媽對自己的孩子，當然就是無微不至、戰無不勝、攻無不克、守無不固囉。

　　所以老子的媽媽哲學不只是講慈悲，也是在說明一種厲害的做事方法與態度。

　　強吧！


（67章原文：我有三寶，持而寶之。一曰慈，二曰儉，三曰不敢為天　　　　下先。

　　　　慈故能勇，儉故能廣，不敢為天下先，故能成器長。

　　　　今捨慈且勇，捨儉且廣，捨後且先，死矣。

　　　　夫慈，以戰則勝，以守則固，天若佑之，以慈衛之。）

# 老子說「不動心／武者的修養／技擊／兵法／不爭之德」

（第68章）

老子說：「最強的武者是不會殺氣騰騰的，最善戰的武者是不會被怒氣控制的。」

（原文：善為士者不武，善戰者不怒。）

錠堅問：「哇靠！老獅，您還會武功哦？」

老子說：「真正的武者會將殺氣怒氣收斂，不只收斂，甚至將殺氣怒氣虛無掉、空掉，回到一片空性的海洋，內心只存留著絕對的冷靜，甚至冷靜到冷酷的精神境界。」

錠堅說：「老獅！這一點我有印證呀！您的後輩王陽明老師講過一句話：『此心不動即為術。』此心不動本來是一種不動心與空性的心靈境界，怎麼會是技術呢？原來在萬里無波的心性海洋中，在極寂靜的精神狀態中，一個修行者會變得異常敏銳覺察，四周稍有動靜，會立生感應，然後立即發出心靈之刀！所以一個最強的武者，心靈全然的寂靜、寧謐、沒有殺氣怒氣、冷酷、敏感，將覺知的程度提升到能感應蒼蠅的飛行、敵人的氣場的地步。敵人一動，立即瞧破綻出刀；一動，立即出刀；稍動，立即出刀。這種精神境界，太極拳叫『聽勁』，日本的『居合拔刀術』也是朝這個瞬間拔刀制敵的方向訓練。根源都是『此心不動』的空無境界。」

老子說：「不只啊！善於打敗敵人的人是不會跟對方硬碰硬的。」

（原文：善勝敵者不與。）

錠堅說：「老獅！這很像太極拳的拳理呀！我在一部小說《道士下
　　　　　山》裡讀到這樣一段話：『你看到平常心了麼？／我只看到
　　　　　水瓢在地上打轉。／這就是平常心！／觸著即轉！／觸著即
　　　　　轉是太極拳的力學，不料被和尚學去做了禪學。我們能化掉
　　　　　敵人的拳勁，和尚卻能化掉整個世界。／平常心即是觸著即
　　　　　轉之心。』其實更深入就是講生命的『一體性』，在太極拳
　　　　　中，我們與敵人是一體的，不是硬碰硬，只是引、卸著對
　　　　　方的勢與力。當然，唯有無為才能一體，所以空性＝一體
　　　　　性。」

老子說：「從技擊推論到兵法與用人，善於運用他人的力量的，一定
　　　　　是最謙卑的那一個。」

（原文：善用人者為之下。／是謂用人之力。）

錠堅說：「老獅！又有印證啦！這句話很像講《三國演義》裡的劉
　　　　　備，劉備的大招數就是，哭！他像小孩子，碰到諸葛、關、
　　　　　張、趙雲都哭，好像是最沒用的一個，但諸葛、關、張、趙
　　　　　雲都被他感動了，劉備就是有辦法用都比他猛的人，他用低
　　　　　姿態感動別人。」

老子說：「所以不管是技擊還是兵法，都講究『不爭之德』。」

（原文：是謂不爭之德。）

錠堅說：「老獅！我知道。從道德層面來說，不爭之德是一種修養，
　　　　　武俠小說《本色》說『打贏囂張只能說是高手，打輸坦蕩才
　　　　　叫作大俠。』從技術層面來說，不爭之德是一種精神境界，

　　　　日本的柳生劍法有一句口訣：『出劍的時刻，便是忘記這一
　　　　劍的時刻。』隨時的出擊，隨時的忘卻，隨時的不執著，就
　　　　是最靈動的人生之劍呀！」

老子說：「哈！小鬼，最近有進步啊！」

錠堅說：「哈！耶！嘿！嚕啦啦嚕啦啦嚕啦嚕啦咧……唷！怎麼又K
　　　　哇ㄟ頭？」

老子說：「你剛剛不是說嗎！出完這一記語言之劍的時刻，便是忘記
　　　　這一記語言之劍的時刻。得意？就是沒忘嚕。」

錠堅說：「我忍忍忍忍忍忍忍………」

老子說：「這種不爭之德是符合大自然的性質的，也是上古文化領悟
　　　　的極致。」

（原文：是謂配天、古之極。）

## 作者建議

　　這一章《老子》很特殊，牽涉範圍很廣，也很深。內容有談到兵
法、武術原理、技擊、武者修養方面的問題。由於老子老獅的學問核
心是「無為」，所以牽扯到很多層面的應用，傳統的說法，老子老獅
同時是莊子、法家、兵家甚至陰謀家的老祖宗。這一章談到「武」的
問題，但由武道回到人生，其中內容提到的不動心、聽勁、一體性、
轉動哲學、謙下哲學、不爭之德、隨行隨忘等等智慧，都是可以在真
實的人間釋放與運用的。

　　讀起來很複雜，作者建議讀者多玩味、沉吟老子老獅的原文，也
經常回來看看錠堅的解釋，熟，不只能生巧，還會長智慧啊！

　　有一個友人說得好：武術是藝術，更是靜心。一起步就美，不管動或靜，都有中心點。難怪從小就喜歡武俠小說。非常神妙，所有事物都有中心點，下棋做菜，愈靜心的人，愈能感受中心點。真正的高手，只有中心點，根本沒有外圍，一切都在中心點中。胸有成竹，可以這樣說吧？但一切都胸有成竹，就太神了！更神的是對生命種種的篤定——並不是說，可以知道什麼？或懂什麼？或能掌握什麼？反而什麼都是未知。這樣看起來是奇怪的說法，但更奇怪是竟然不衝突。

　　友人中心點的說法說得好！傳統武者就叫中、中線、中道。一個武家或兵家的素養就是昨日種種已死，一直死去，過而不留，內在的心性狀態一直是空而敏感的，一敏感，就會覺察到那個中線或中心點的存在。事實上只要不放棄地持續向內觀察，就會愈來愈清楚，過去一直死掉，我們每個人一直一直的回到那個空，只是頭腦作用經常闖進來干擾空性的自然操作與回歸，所以每個生活行者其實都是廣義的武家或兵家。

　　所以「空掉→敏感→中線出現」是廣義的武家或兵家的三部曲。第二部曲，敏感，是很關鍵的。舉一個小例子：我們常常穿了衣服出門，但出門久了如果沒照鏡子，常常就會忘記自己穿了什麼衣服，或者忘記衣服的細節。這就是我們對生活的習慣不敏感甚至盲目。武家有一個談「敏感」的例子特別傳神：一個徒弟問師傅內功是什麼？師傅回答：「內功就像第一次跟女人親嘴。」武人講話簡潔形象，不像咱們文人文縐縐的講一堆理論。老師傅的意思就是內功就是做什麼都帶著三分興奮勁的「春意」（廣義的性興奮），其實這春意就是敏感。內功當然有調呼吸、搬運、氣沉丹田什麼的，但那只是表層。更深層的理解內功、氣功就是老師傅所說的興奮與敏感勁頭。所以梅蘭

芳說過：「演戲需帶三分生。」意思是太熟就會有「匠氣」、不覺知、沒生命力，所以教書、演戲、打拳、與朋友交、做任何事，都帶著「first kiss」、「三分生」、「春意」、「性興奮」或「敏感」去做，這就是內功，就是能量。所以道教說「煉精化氣」，世間法的解讀就是：用性敏感與興奮般的能量去處理世間的事情，就會顯得春意盎然、活龍活現、氣貫全身。

　　當然不要忘記「敏感」的源頭是「空性」，就是正文講的「不動心」、「不爭之德」。武家練功，講究「把自己練沒了」，這個「沒」大有學問——將思想的執著、個性中的稜角、用老的拙力、變得不靈活的套路習慣、身體僵硬的部分、因過去的痛苦陰影造成的內心地雷、心靈的塵垢雜染……等等都練沒了，將種種塊壘疙瘩都練沒了，而回到身、心、靈的空空如也。這就是一個真正武家自我要求的練功素質。

　　「空性」之後就會出現「敏感」，關於「敏感」，武術中也有一個很傳神的說法：「三毒」——真正的高手要做到心毒、眼毒、手毒。「毒」這個字用得真毒啊！毒是什麼意思呢？毒就是出手老練、老到、毒辣、老辣、準確、致命、不費力卻有效、夭壽的快狠準等等。之所以能達到這樣的效果，就是臨敵之際的一份敏感，所以，毒就是敏感。高手臨陣，對敵對己對境對人都會自然生起一份敏感的觀察與感應，這是心毒；然後一眼窺見或瞬間感應到敵我過招的破綻與戰機，這是眼毒；於是毫不含糊的一招制敵一擊中的，這就是手毒了。哈！原來修行家修養身心靈，武術家鍛鍊精氣神，都擁有同樣的心法——「空性」與「敏感」。

　　個人一直猜測武術是整個中國修行傳統中的一半，儒家讀經史、

養心氣,武家則配合著鍛鍊精氣神與筋骨皮,所以武術等於是中國式的身體工作,這樣文武動靜合修,才是中國修行道路的全相。後來雖然文武分家,但在武術的天地裡,仍然可以看到大量「文」或「哲」的痕跡。舉一個小例子:中國兵器中最主要的劍與刀,從深層意義來說,是體與用的關係,劍體刀用。因為劍,見也──就是了解自我、明心見性、看見自己的見。至於刀,到也──就是到位、臨場感、玩真的、人生是真刀真槍的意思。所以文人佩劍,就是提醒自己要見自性;武人動刀,就是因為人生戰場生死相搏,是真到真在,一招之差,成敗立判,是不能開玩笑的。

(68章全文:善為士者不武,善戰者不怒。善勝敵者不與。善用人者為之下。是謂不爭之德。是謂用人之力。是謂配天、古之極。)

# 關於「三種道路」
## （第77章）

老子說：「老天爺（大自然）的道路，就像張弓射箭，舉弓太高，
　　　　down—down，舉弓太低，抬一抬，很有力氣，弓拉滿一
　　　　點，今兒力氣不夠，弓不要拉滿。」

（原文：天之道，其猶張弓與，高者抑之，下者舉之；有餘者損之，
不足者補之。）

老子又說：「其實有三種道路。」

錠堅問：「敢問您老，哪三種呀？」

老子說：「第一種道路是『天之道』。

　　　　老天爺的道路就是你太多了，給你減一減，你不夠了，
　　　　給你補一補。」

（原文：天之道，損有餘而補不足。）

錠堅說：「老天爺其實挺慈悲的。

　　　　就像我最近工作打電腦打太久打到頭痛，痛到不行，就
　　　　沒辦法再做事，只好學趴趴熊，老天爺罩我呀！因為再做下
　　　　去肯定嗝屁，祂讓我當機。就是損有餘。又像科震咚少年得
　　　　志不知收斂吸麻麻被抓重重跌了一跤對他來說也是好事（喘
　　　　氣……這句話好長），還年輕嘛，小懲大戒，長智慧。這也
　　　　是損有餘。另外，像我的好友X敏的人生吃了大苦頭，結果
　　　　老天爺幫她點燃了那麼強大的覺性與靈性，看，老天爺就是

　　　　　會罩受傷的靈魂嘛。這就是補不足了。老天爺挺夠意思的！

　　　　　老頭，噢！不！老師，您說是不？」

老子說：「……」

錠堅問：「老……師，您怎麼不說話？」

老子說：「……」

錠堅問：「好吧，請您說說第二種道路唄。」

老子說：「第二種道路是『人之道』。

　　　　　　　　人之道就不是天之道那樣了，這個人嘛，最愛從窮人碗

　　　　　裡掏吃的給有錢人。」

（原文：人之道則不然，損不足以奉有餘。）

錠堅說：「您說的準呀！像政府啊，就是挺富人住豪宅，賤民卻付不

　　　　　起房貸。」

老子說：「……」

錠堅說：「……」

錠堅說：「俺師徒倆，這樣無言下去也不是辦法，您就說說第三種道

　　　　　路吧。」

老子說：「第三種道路是『有道者之道』。

　　　　　　　　有道者就是不斷累積自己的能力、經驗、智慧、成熟、

　　　　　靈性、覺性，然後用這太滿溢的能量奉獻給天下眾生。」

（原文：孰能有餘以奉天下？唯有道者。）

錠堅問：「這世間有那麼好的人？」

老子說：「就有那麼好的人。」

錠堅問：「您不騙我？」

老子說：「……」

錠堅問：「那您老頭，不，您老人家怎麼騎牛牛從函谷關跑了，不將滿溢的能量奉獻給天下眾生？」

老子說：「……」

錠堅說：「哈！我知道了，我知道答案了。」

老子說：「……」

錠堅說：「唉！你又不說話了，我只好自己說出答案，真沒意思。因為你已經把最好的禮物奉獻給天下眾生了。那就是——無為。」

老子說：「……」

錠堅說：「你用『離開』的身教告訴天下眾生無為的生命道理。」

老子說：「……」

錠堅說：「喂！老頭，你一直不講話是啥意思，我……我生氣囉。」

老子說：「小朋友，搞清楚狀況，我是老子耶。」

錠堅說：「老……老子也不能沒禮貌呀！」

老子說：「無為還要說話嗎？」

錠堅說：「……」


（原文：天之道，其猶張弓與，高者抑之，下者舉之；有餘者損之，不足者補之。

天之道，損有餘而補不足。

人之道則不然，損不足以奉有餘。

孰能有餘以奉天下？唯有道者。）

# 作者建議

　　有人覺得用我的《老子與我》這樣的對話形式來解釋古文很生動活潑、淺顯易懂。哈！還有朋友說老子他老人家快被我煩死了！感覺上老子老獅一直想跟我說「清靜」、「無為」，意思就是閉嘴、走開。進一步聯想如果現在的所謂屁孩、媽寶碰到孔子、韓非，又會蹦出什麼對話呢？事實上我們的文言文沒那麼難，很多古書的文言文都很樸素，用點想像力，十之六七都可以讀懂猜中。其實我們的文化教育很厲害，像古英文，不是那個專業，外國連大學教授都看不懂，而我們一個國、高中的小屁孩就可以了解一堆上千年前的文章與文字，甚至小學生都懂許許多多的成語，成語，其實就是文言文。

　　77章《老子》談到奉獻的問題。成熟的人（有道者）的奉獻會無為，不成熟的人（無道者）的奉獻就會變成一種干涉。無為是一種生命的態度或境界，與奉獻或教授的內容無關。有道者教微積分也會很無為，無道者教《老子》也會變得很干涉；成熟者的愛會讓人很自在，不成熟者的愛會給人壓迫；成熟的愛會考慮對方的感受與立場，不成熟的愛其實只會想到自己的需要。共勉！一不小心愛就會變成干涉，所以才要學習覺知與無為。

# 關於「老子理想國／小國寡民」
## （第80章）

錠堅說：「老獅呀！咱們師徒倆談過很多問題了，今兒能不能談些大
　　　　　一點的，請老獅說說您的政見。」

老子說：「我又不是要去選舉，還凍蒜凍蒜咧！說啥證件？」

錠堅說：「不是啦！想聽聽您的政治理想藍圖。」

老子說：「國家規模一定要小，人民數量不能太多。社會結構愈簡單
　　　　　愈好，讓有才能領導十個人一百個人的三八也無所用武之
　　　　　地。」

（原文：小國寡民，使有什伯人之器而不用。）

錠堅說：「喔！老獅，原來您的理想國是美麗小世界。想想也是。一
　　　　　個國家需要很優的領導人才，表示這個國家很爛，需要被好
　　　　　好領導。相反的。如果老百姓的水準很高，領導人才就可以
　　　　　在路邊種菜嚕。」

老子說：「在這樣的社區型國家裡，人們很重視鄉土情，有很多共同
　　　　　的土地回憶與一起成長的老朋友，所以人們希望終老故鄉，
　　　　　不會輕易移居遠方。這裡的老百姓不太使用交通工具，更
　　　　　不要說發動戰爭與使用武器啦，甚至連文字知識都不太用得
　　　　　上。這裡的百姓都是阿宅與戀鄉族。」

（原文：使民重死而不遠徙。雖有舟輿，無所乘之；雖有甲兵，無所
陳之；使民復結繩而用之。）

錠堅說：「老獅！現在的人的鄉土情與土地回憶都斷線了，汙染、毒害自己土地、老鄉、食物的黑心商人，到處趴趴走呀！老獅！在你的理想國裡，連3C與蘋果都賣不出去啦，行不行得通呀？」

老子說：「老百姓喜愛吃原始的粗食，喜歡穿質樸的粗衣，安頓在當下的人生，滿足自己的傳統與風俗。跟鄰國彼此相看，聽到對方小雞小狗的叫吠聲，但彼此的老百姓一直到老到死都不會來往，因為沒有必要，安頓就在當下，滿足就是富有。」

（原文：甘其食，美其服，安其居，樂其俗。鄰國相望，雞犬之聲相聞，民至老死不相往來。）

錠堅說：「老獅，可能行不通耶！這樣的政治主張推出去，會被笑迂腐、笑不切實際、笑到臉黃的。」

老子與小鬼面面相覷。

錠堅說：「不過，這是偶聽過最環保、最符合生態法則、最不耗能、最不耗費資源、最健康、最愛護地球、最前衛的政治主張。問題是，能做得到、行得通嗎？」

老子與小鬼面面相覷。

老子說：「唉！」

錠堅說：「唉！」

啪！啪！

錠堅說：「哇！孔老獅！怎麼素您呢？」

老子說：「孔老弟呀！你怎麼K我倆的頭？」

孔子說：「老哥耶！既然有那麼好的政治主張，就一點一點的做，一步一步的走呀！老哥哥，您還道家耶！有道，就去走啊！做

　　　　多少，算多少；走一步，算一步。獅徒倆在這兒唉聲嘆氣

　　　　的，不像話啦！不管路多遠，走，就是了。」

青牛：「吽吽吽吽吽吽吽……」

錠堅說：「孔老獅，小心！」

青牛瞄準孔子屁股中。

# 關於「說不的智慧」
## （第81章）

老子說：「我要說六個不。」

錠堅說：「老獅請講。」

老子說：「真話通常不好聽，漂亮的話卻往往不靠譜。」

（原文：信言不美，美言不信。）

錠堅說：「難怪！您老人家講的話常常超機車的！」

老子說：「？？？」

錠堅說：「噢！我忘了您的時代還沒有機車。沒事！請說第二不
　　　　　唄。」

老子說：「厲害的人不好辯，只會嘴巴呱呱叫的人通常不厲害。」

（原文：善者不辯，辯者不善。）

錠堅說：「蛤？那隔壁班的孟老師超好辯的，他是爛咖囉？」

老子說：「………」

錠堅說：「好吧！您老不好辯（腹謗：根本是嘴殘嘛），不想說別人
　　　　　八卦。不過孟老師也不算爛咖了，除了愛辯，他也挺愛到處
　　　　　趴趴走的（周遊列國）。那請老師說第三不。」

老子說：「知道真理的人不需要博學，博學的人不見得知道真理。」

（原文：知者不博，博者不知。）

錠堅說：「老獅，您罵了很多人內！」

老子說：「………」

錠堅說：「又不說話了，第四不呢？」

老子說：「大成熟者（聖人）的生命態度是不累積的。不積德，也不積財。尤其內在的能力與財富是不用累積的，愈幫助他人自己愈富有，愈贈與他人自己愈湧現。這是內在財富的原理——愈用愈多。」

（原文：聖人不積，既以為人己愈有，既以與人己愈多。）

錠堅說：「真的！不累積，這是很重大的生命學習啊！獅子總是吃了一隻羚羊，不會想著下一隻羚羊。鍋台酩才賺了一億，就立馬想著下一個一億。所以聖人與獅子一樣，全然的活在當下，不會想著下一隻羚羊。素不素？老獅？」

老子說：「⋯⋯⋯」

錠堅說：「好樣的！請說第五不唄。」

老子說：「第五不是大自然（天之道）教的——利益眾生，但基本前提是，不傷害自己。」

（原文：天之道，利而不害。）

錠堅說：「哇靠！這很重要耶！保有自愛與他愛、自助與助人、內聖與外王的平衡是很重要的。不傷害自己，這是每個人的基本責任。幫助他人幫到讓自己受傷，這絕對不是愛。是嗎？老獅？」

老子說：「⋯⋯⋯」

錠堅說：「好，好，好，第六不呢？」

老子說：「第六不是大成熟者（聖人）教的——我們就埋頭做事，但不要計較勝負輸贏。」

（原文：聖人之道，為而不爭。）

錠堅說：「您真是說得太好了！雖然您有一點嘴殘腦洞，但您的心真
　　　　是覺知清亮呀！（深深鞠躬）」

老子說：「………」

## 作者建議

　　這是《道德經》的最後一章，等於是老子老獅在人間留下的最後
的話，最後他要我們學會說「不」，這是很有深意的。這一章等於是
一份「說不智慧練習譜」。

　　老子老獅的「六不」是——不美、不辯、不博、不積、不害、不
爭。等於是——對巧言說不、對好辯說不、對知識說不、對累積的態
度說不、對傷害自己說不、對爭強鬥勝說不。

　　我記得奧修師傅跟我們強調過說「是」的生命練習，這裡老子
師傅卻是教誨我們說「不」的生命練習。這是並不矛盾的。說「是」
是「一體性」的生命練習，說「不」是「純粹性」的生命練習。說
「是」是要我們學習沒有成見的擁抱他人他物，說「不」是讓自己
保持修道生活與心地的純淨。我們要有說「是」的包容，也要有說
「不」的勇氣。

　　不讓是更是，是讓不不會成為盲目的閃躲。

　　這，也是陰陽。

　　在老子花園逛了一圈，花園很遼闊，信步林間，總看到覺知的
身影在其中漫行歌吟，這清澈的身影總走在核心路線，不繞路，不懷
疑，步履既坦蕩又從容。花園內空花處處，可以沒有成見又自由自在

的擁抱他人他物，而且心地澄明、不為物累。也許，花園中偶然有一些遊戲與關卡，但每通行一關，行道者的身姿即更見清爽；甚至，咱們可以直接對遊戲與關卡大聲說「不」！不不不不不不不⋯⋯只聽見無為的豪情壯語在開天闊地、幽谷空林之間久久不絕、回盪不已。

（81章全文：信言不美，美言不信。

善者不辯，辯者不善。

知者不博，博者不知。

聖人不積，既以為人己愈有，既以與人己愈多。

天之道，利而不害。

聖人之道，為而不爭。）

# 附錄一
# 《道德經》原文

1. 道可道，非常道；名可名，非常名。無名，天地之始；有名，萬物之母。故常無，欲以觀其妙；常有，欲以觀其徼。此兩者同，出而異名，同謂之玄。玄之又玄，眾妙之門。

2. 天下皆知美之為美，斯惡矣；皆知善之為善，斯不善已。故有無相生，難易相成，長短相形，高下相傾，音聲相和，前後相隨。是以聖人處無為之事，行不言之教。萬物作焉而不辭，生而不有，為而不恃，功成而弗居。夫唯弗居，是以不去。

3. 不尚賢，使民不爭。不貴難得之貨，使民不為盜。不見可欲，使民心不亂。是以聖人之治，虛其心，實其腹，弱其志，強其骨；常使民無知無欲，使夫智者不敢為也。為無為，則無不治。

4. 道冲而用之，或不盈。淵兮似萬物之宗。挫其銳，解其紛，和其光，同其塵，湛兮似或存。吾不知誰之子，象帝之先。

5. 天地不仁，以萬物為芻狗。聖人不仁，以百姓為芻狗。天地之間，其猶橐籥乎？虛而不屈，動而愈出。多言數窮，不如守中。

6. 谷神不死，是謂玄牝。玄牝之門，是謂天地根。綿綿若存，用之不勤。

7. 天長地久。天地所以能長且久者，以其不自生，故能長生。是以聖人後其身而身先，外其身而身存。非以其無私耶？故能成其私。

8. 上善若水，水善利萬物而不爭，處眾人之所惡，故幾於道。居善地，心善淵，與善仁，言善信，政善治，事善能，動善時。夫唯不爭，故無尤。

9. 持而盈之，不如其已；揣而銳之，不可長保；金玉滿堂，莫之能守；富貴而驕，自遺其咎。功成名遂身退，天之道。

10. 載營魄抱一，能無離乎？專氣致柔，能如嬰兒乎？滌除玄覽，能無疵乎？愛國治民，能無為乎？天門開闔，能為雌乎？明白四達，能無知乎？

11. 三十輻共一轂，當其無，有車之用。埏埴以為器，當其無，有器之用。鑿戶牖以為室，當其無，有室之用。故有之以為利，無之以為用。

12. 五色令人目盲，五音令人耳聾，五味令人口爽，馳騁田獵令人心發狂，難得之貨令人行妨。是以聖人為腹不為目，故去彼取此。

13. 寵辱若驚，貴大患若身。何謂寵辱若驚？寵為下，得之若驚，失之若驚，是謂寵辱若驚。何謂貴大患若身？吾所以有大患者，為吾有身，及吾無身，吾有何患。故貴以身為天下，則可寄於天下；愛以身為天下，乃可托於天下。

14. 視之不見名曰夷，聽之不聞名曰希，搏之不得名曰微。此三者不可致詰，故混而為一。其上不皦，其下不昧，繩繩兮不可名，復歸於無物。是謂無狀之狀，無物之象，是謂惚恍。迎之不見其首，隨之不見其後。執古之道以禦今之有。能知古始，是謂道紀。

15. 古之善為士者，微妙玄通，深不可識。夫唯不可識，故強為之容。豫若冬涉川，猶若畏四鄰，儼若客，渙若冰將釋，敦兮其若樸，曠兮其若谷，混兮其若濁。孰能濁以靜之徐清，孰能安以動之徐生。保此道者不欲盈。夫唯不盈，故能敝不新成。

16. 致虛極，守靜篤。萬物並作，吾以觀其復。夫物芸芸，各歸其根。歸根曰靜，是謂復命，復命曰常，知常曰明。不知常，妄作凶。知常容，容乃公、公乃王，王乃天，天乃道，道乃久，沒身不殆。

17. 太上，下知有之。其次親之譽之。其次畏之。其次侮之。故信不足焉，有不信。猶兮其貴言，功成事遂，百姓皆謂我自然。

18. 大道廢，有仁義；慧智出，有大偽；六親不和，有孝慈；國家昏亂，有忠臣。

19. 絕聖棄智，民利百倍；絕仁棄義，民復孝慈；絕巧棄利，盜賊無有；此三者，以為文不足。故令有所屬，見素抱樸，少私寡欲。

20. 絕學無憂，唯之與阿，相去幾何？善之與惡，相去若何？人之所畏，不可不畏。荒兮其未央哉！眾人熙熙，如享太牢，如春登臺。我獨泊兮其未

兆，如嬰兒之未孩；乘乘兮若無所歸。眾人皆有餘，而我獨若遺。我愚人之心也哉！沌沌兮。俗人昭昭，我獨昏昏；俗人察察，我獨悶悶。澹兮其若海，飂兮似無所止。眾人皆有以，而我獨頑且鄙。我獨異於人，而貴求食於母。

21.孔德之容，惟道是從。道之為物，惟恍惟惚。惚兮恍兮，其中有象；恍兮惚兮，其中有物。窈兮冥兮，其中有精；其精甚真，其中有信。自古及今，其名不去，以閱眾甫。吾何以知眾甫之然哉！以此。

22.曲則全，枉則直，窪則盈，敝則新，少則得，多則惑。是以聖人抱一為天下式。不自見故明，不自是故彰，不自伐故有功，不自矜故長。夫唯不爭，故天下莫能與之爭。古之所謂曲則全者，豈虛言哉！誠全而歸之。

23.希言。自然。飄風不終朝，驟雨不終日。孰為此者？天地。天地尚不能久，而況於人乎？故從事於道者，道者同於道，德者同於德，失者同於失。同於道者，道亦樂得之；同於德者，德亦樂得之；同於失者，失亦樂得之。信不足，有不信。

24.企者不立，跨者不行；自見者不明，自是者不彰；自伐者無功，自矜者不長。其在道也，曰餘食贅形。物或惡之，故有道者不處。

25.有物混成，先天地生。寂兮寥兮，獨立而不改，周行而不殆，可以為天下母。吾不知其名，字之曰道，強為之名曰大，大曰逝，逝曰遠，遠曰反。故道大、天大、地大、王亦大焉。域中有四大，而人居其一焉。人法地，地法天，天法道，道法自然。

26.重為輕根，靜為躁君。是以聖人終日行不離輜重。雖有榮觀，燕處超然。奈何萬乘之主而以身輕天下。輕則失根，躁則失君。

27.善行無轍跡，善言無瑕讁；善數不用籌策，善閉無關鍵而不可開，善結無繩約而不可解。是以聖人常善救人，故無棄人；常善救物，故無棄物。是謂襲明。故善人者不善人之師。不善人者善人之資。不貴其師，不愛其資，雖智大迷，是謂要妙。

28.知其雄，守其雌，為天下谿。為天下谿，常德不離，復歸於嬰兒。知其白，守其黑，為天下式。為天下式，常德不忒，復歸於無極。知其榮，守其辱，為天下谷。為天下谷，常德乃足，復歸於樸。樸散則為器，聖人用

之則為官長。故大制不割。

29.將欲取天下而為之，吾見其不得已。天下神器，不可為也，為者敗之，執者失之。故物或行或隨、或歔或吹、或強或羸、或載或隳。是以聖人去甚、去奢、去泰。

30.以道佐人主者，不以兵強天下。其事好還。師之所處，荊棘生焉。大軍之後，必有凶年。善者果而已，不敢以取強。果而勿矜，果而勿伐，果而勿驕，果而不得已，果而勿強，物壯則老，是謂不道，不道早已。

31.夫佳兵者不祥之器，物或惡之，故有道者不處。君子居則貴左，用兵則貴右。兵者不祥之器，非君子之器，不得已而用之，恬淡為上。勝而不美，而美之者，是樂殺人。夫樂殺人者，則不可得志於天下矣。吉事尚左，凶事尚右。偏將軍居左，上將軍居右。言居上勢，則以喪禮處之；殺人眾多，以悲哀泣之；戰勝，以喪禮處之。

32.道常，無名。樸雖小，天下莫能臣也。侯王若能守之，萬物將自賓。天地相合以降甘露，民莫之令而自均。始制有名，名亦既有，夫亦將知止，知止，所以不殆。譬道之在天下，猶川谷之於江海也。

33.知人者智，自知者明；勝人者有力，自勝者強；知足者富。強行者有志；不失其所者久。死而不亡者壽。

34.大道泛兮，其可左右。萬物恃之以生而不辭，功成而不名有，衣養萬物而不為主。常無欲可名於小，萬物歸焉而不為主，可名為大。是以聖人終不自為大，故能成其大。

35.執大象，天下往，往而不害，安平泰。樂與餌，過客止。道之出口淡乎其無味，視之不足見，聽之不足聞，用之不可既。

36.將欲歙之，必固張之；將欲弱之，必固強之；將欲廢之，必固興之；將欲取之，必固與之；是謂微明。柔弱勝剛強。魚不可脫於淵，國之利器，不可以示人。

37.道常，無為，而無不為。侯王若能守之，萬物將自化。化而欲作，吾將鎮之以無名之樸。無名之樸，夫亦將無欲。不欲以靜，天下將自正。

38.上德不德，是以有德；下德不失德，是以無德。上德無為而無以為，下德無為而有以為，上仁為之而無以為，上義為之而有以為，上禮為之而莫之

以應，則攘臂而扔之。故失道而後德，失德而後仁，失仁而後義，失義而後禮。夫禮者，忠信之薄而亂之首。前識者，道之華而愚之始。是以大丈夫，處其厚不居其薄。處其實，不居其華。故去彼取此。

39.昔之得一者：天得一以清，地得一以寧，神得一以靈，谷得一以盈，萬物得一以生，侯王得一以為天下貞。其致之，一也。天無以清將恐裂，地無以寧將恐廢，神無以靈將恐歇，谷無以盈將恐竭，萬物無以生將恐滅，侯王無以貞將恐蹶。故貴以賤為本，高以下為基。是以侯王自稱孤、寡、不穀。此非以賤為本邪？非乎？故致數車，無車。不欲琭琭如玉，落落如石。

40.反者道之動，弱者道之用。天下萬物生於有，有生於無。

41.上士聞道，勤而行之；中士聞道，若存若亡；下士聞道，大笑之。不笑，不足以為道。故建言有之：明道若昧，進道若退，夷道若纇，上德若谷，大白若辱，廣德若不足，建德若偷，質真若渝，大方無隅，大器晚成，大音希聲，大象無形。道隱無名。夫唯道，善貸且成。

42.道生一。一生二。二生三。三生萬物。萬物負陰而抱陽，冲氣以為和。人之所惡，唯孤、寡、不穀，而王公以為稱。故物或損之而益，或益之而損。人之所教，我亦教之，強梁者不得其死。吾將以為教父。

43.天下之至柔，馳騁天下之至堅。無有入無間，吾是以知無為之有益。不言之教，無為之益，天下希及之。

44.名與身孰親，身與貨孰多，得與亡孰病。是故甚愛必大費，多藏必厚亡，知足不辱，知止不殆，可以長久。

45.大成若缺，其用不弊；大盈若冲，其用不窮；大直若屈，大巧若拙，大辯若訥。靜勝躁，寒勝熱，清靜為天下正。

46.天下有道，卻走馬以糞。天下無道，戎馬生於郊。禍莫大於不知足，咎莫大於欲得。故知足之足，常足。

47.不出戶，知天下；不窺牖，見天道。其出彌遠，其知彌少。是以聖人不行而知，不見而明，不為而成。

48.為學日益，為道日損。損之又損，以至於無為。無為而不為。取天下常以無事，及其有事，不足以取天下。

49.聖人無常心，以百姓心為心。善者吾善之，不善者吾亦善之，德善矣。信
　者吾信之，不信者吾亦信之，德信矣。聖人之在天下，歙歙焉為天下渾其
　心。百姓皆注其耳目，聖人皆孩之。

50.出生入死，生之徒十有三，死之徒十有三。人之生動之於死地者，亦十有
　三。夫何故？以其生生之厚。蓋聞善攝生者，陸行不遇兕虎，入軍不避甲
　兵，兕無所投其角，虎無所用其爪，兵無所容其刃。夫何故？以其無死地。

51.道生之，德畜之，物形之，勢成之。是以萬物莫不尊道而貴德。道之尊，
　德之貴，夫莫之命而常自然。故道生之，畜之，長之，育之，亭之，毒
　之，養之，覆之。生而不有，為而不恃，長而不宰。是謂玄德。

52.天下有始，以為天下母。既得其母，復知其子，既知其子，復守其母，沒
　身不殆。塞其兌，閉其門，終身不勤。開其兌，濟其事，終身不救。見小
　曰明，守柔曰強。用其光，復歸其明，無遺身殃。是為襲常。

53.使我介然有知，行於大道，唯施是畏。大道甚夷，而民好徑。朝甚除，田
　甚蕪，倉甚虛。服文彩，帶利劍，厭飲食，財貨有餘。是謂盜夸。非道哉！

54.善建者不拔，善抱者不脫，子孫以祭祀不輟。修之於身，其德乃真；修之
　於家，其德乃餘；修之於鄉，其德乃長；修之於國，其德乃豐；修之於天
　下，其德乃普。故以身觀身，以家觀家，以鄉觀鄉，以國觀國，以天下觀
　天下。吾何以知天下然哉？以此。

55.含德之厚，比於赤子，毒蟲不螫，猛獸不據，攫鳥不搏。骨弱筋柔而握固。
　未知牝牡之合而峻作，精之至也。終日號而不嗄，和之至也。知和曰常，知
　常曰明，益生曰祥，心使氣曰強。物壯則老，謂之不道，不道早已。

56.知者不言，言者不知。塞其兌，閉其門，挫其銳，解其紛，和其光，同其
　塵，是謂玄同。故不可得而親，不可得而疏，不可得而利，不可得而害，
　不可得而貴，不可得而賤。故為天下貴。

57.以正治國，以奇用兵，以無事取天下。吾何以知其然哉？以此。天下多忌
　諱而民彌貧，民多利器國家滋昏，人多伎巧奇物滋起，法令滋彰盜賊多
　有。故聖人云：我無為而民自化，，我好靜而民自正，我無事而民自富，
　我無欲而民自樸。

58.其政悶悶，其民淳淳；其政察察，其民缺缺。禍兮福所倚，福兮禍所伏。

孰知其極，其無正耶。正復為奇，善復為妖。人之迷，其日固久。是以聖人方而不割，廉而不劌，直而不肆，光而不耀。

59.治人、事天，莫若嗇。夫唯嗇，是謂早服。早服謂之重積德。重積德則無不克。無不克則莫知其極。莫知其極可以有國。有國之母可以長久。是謂深根固柢，長生久視之道。

60.治大國若烹小鮮。以道蒞天下，其鬼不神，非其鬼不神，其神不傷人，非其神不傷人，聖人亦不傷人。夫兩不相傷，故其德交歸焉。

61.大國者下流，天下之交。天下之牝，牝常以靜勝牡，以靜為下。故大國以下小國，則取小國；小國以下大國，則取大國。故或下以取，或下而取。大國不過欲兼畜人，小國不過欲入事人。夫兩者各得所欲，大者宜為下。

62.道者，萬物之奧，善人之寶，不善人之所保。美言可以市尊，尊行可以加人。人之不善，何棄之有。故立天子、置三公，雖有拱璧，以先駟馬，不如坐進此道。古之所以貴此道者何，不曰求以得，有罪以免耶？故為天下貴。

63.為無為，事無事，味無味。大小，多少，報怨以德。圖難於其易，為大於其細。天下難事必作於易，天下大事必作於細。是以聖人終不為大，故能成其大。夫輕諾必寡信。多易必多難，是以聖人猶難之，故終無難矣。

64.其安易持，其未兆易謀，其脆易破，其微易散。為之於未有，治之於未亂。合抱之木生於毫末，九層之臺起於累土，千里之行始於足下。為者敗之，執者失之。是以聖人無為故無敗，無執故無失。民之從事常於幾成而敗之，慎終如始則無敗事。是以聖人欲不欲，不貴難得之貨；學不學，復眾人之所過，以輔萬物之自然而不敢為。

65.古之善為道者，非以明民，將以愚之。民之難治，以其智多。故以智治國，國之賊；不以智治國，國之福。知此兩者，亦楷式。能知楷式，是謂玄德。玄德深矣！遠矣！與物反矣，乃至於大順。

66.江海之所以能為百谷王者，以其善下之，故能為百谷王。是以聖人欲上民，必以言下之；欲先民，必以身後之。是以聖人處上而民不重，處前而民不害。是以天下樂推而不厭，以其不爭，故天下莫能與之爭。

67.天下皆謂我道大似不肖。夫唯大，故似不肖，若肖，久矣其細。我有三

寶，持而保之：一曰慈，二曰儉，三曰不敢為天下先。慈故能勇，儉故能廣，不敢為天下先，故能成器長。今舍慈且勇，舍儉且廣，舍後且先，死矣！夫慈以戰則勝，以守則固。天將救之，以慈衛之。

68.善為士者不武，善戰者不怒，善勝敵者不爭，善用人者為之下，是謂不爭之德。是謂用人之力。是謂配天，古之極。

69.用兵有言：吾不敢為主而為客，不敢進寸而退尺，是謂行無行，攘無臂，扔無敵，執無兵。禍莫大於輕敵，輕敵幾喪吾寶。故抗兵相加，哀者勝矣。

70.吾言甚易知甚易行，天下莫能知莫能行。言有宗，事有君。夫唯無知，是以不我知。知我者希，則我者貴，是以聖人被褐懷玉。

71.知不知，上；不知知，病。夫唯病病，是以不病。聖人不病，以其病病，是以不病。

72.民不畏威，大威至矣。無狹其所居，無厭其所生。夫唯不厭，是以不厭。是以聖人自知不自見，自愛不自貴。故去彼取此。

73.勇於敢則殺，勇於不敢則活。此兩者或利或害。天之所惡，孰知其故。是以聖人猶難之。天之道，不爭而善勝，不言而善應，不召而自來，繟然而善謀。天網恢恢，疏而不失。

74.民不畏死，奈何以死懼之。若使民常畏死，而為奇者，吾得執而殺之，孰敢。常有司殺者殺，夫代司殺者殺，是謂代大匠斲，夫代大匠斲者，希有不傷其手矣。

75.民之饑，以其上食稅之多，是以饑。民之難治，以其上之有為，是以難治。民之輕死，以其求生之厚，是以輕死。夫唯無以生為者，是賢於貴生。

76.人之生也柔弱，其死也堅強。草木之生也柔脆，其死也枯槁。故堅強者死之徒，柔弱者生之徒。是以兵強則不勝，木強則共。強大處下，柔弱處上。

77.天之道其猶張弓乎？高者抑之，下者舉之。有餘者損之，不足者補之。天之道，損有餘而補不足。人之道則不然，損不足以奉有餘。孰能有餘以奉天下，唯有道者。是以聖人為而不恃，功成而不處。其不欲見賢耶！

78.天下莫柔弱於水，而攻堅強者莫之能勝，以其無以易之也。故弱之勝強，柔之勝剛，天下莫不知，莫能行。是以聖人云：受國之垢，是謂社稷主；

受國之不祥，是為天下王。正言若反。

79.和大怨，必有餘怨，安可以為善。是以聖人執左契而不責於人。有德司契，無德司徹。天道無親，常與善人。

80.小國寡民，使有什伯人之器而不用，使民重死而不遠徙。雖有舟輿，無所乘之；雖有甲兵，無所陳之。使民復結繩而用之。甘其食、美其服、安其居、樂其俗。鄰國相望，雞犬之聲相聞。民至老死不相往來。

81.信言不美，美言不信；善者不辯，辯者不善；知者不博，博者不知。聖人不積，既以為人己愈有，既以與人己愈多。天之道，利而不害；聖人之道，為而不爭。

# 附錄二
# 《史記‧老子列傳》白話超譯

　　老子出生在春秋時代的楚國，所以老子是楚人，是南方人，跟後代很有名的劉邦與西楚霸王項羽是大老鄉。老子出生地的名字也很猛，這位道家老祖宗是苦縣厲鄉人？哪有這種地方的？苦縣？厲鄉？一個歷經人生痛苦的縣？一個很厲害的鄉？My God！老子應該是姓李，名字叫「耳」？李耳？ear lee？哪有這種鳥名字的！還好老子沒有當王，不然就是李爾王。老子還有一個名字叫「耼」！「耼」是啥？耳朵很大卻沒有耳輪？哇靠！我們找到老子是外星人的第一個證據。在職業登記欄上，老子是國家圖書館館長。唔！來研究地球古文明的？

　　後代大大有名的老子老獅其實流傳的事蹟很少，真正可靠的只有兩件事。第一件就是「孔子問禮」。

　　孔子到了周地，就請教老子關於「禮制」的問題。老子看出孔子其實是想要拯救天下、建立制度，專做些會累死自己的事兒，所以就沒有正面回答小老弟的問題，卻拐個彎說：「你所講關於古禮的，提出的人和他的骨頭都爛掉掉了，只是剩下一堆屁話。你有沒有聽過，一個君子時運來了就開勞斯萊斯、開賓士，時運衰了就破帽遮顏、低調行事。俺還聽過一個說法──一個削翻了的商人深藏不露，裝窮；

一個德性盛大的君子，看起來卻像智障，裝笨。要拿掉你的優越感、想做事的慾望、姿態、得志的死樣子與太超過的志向。這些對你都沒有好處啊！俺能夠告訴你的，就只有這些話而已。」孔子離開，就跟學生說：「笨鳥，我知道牠會滿天飛；傻魚，我知道牠能四處游；野獸，我知道牠懂趴趴走。趴趴走可以用陷阱抓，四處游可以用網撈，滿天飛可以用箭射。但遇到一條龍，我能拿龍咋辦呢？我哪哉龍乘著風雲會飛到天上的哪裡去？我今天遇見老子，就是遇到龍吧。」

第二件老子流傳的事蹟就是「老子出關」。

老子修養道德，他學問的重點是隱藏自我與清除知見。他在周地住了很久，看準當年的老大周國已經沒戲唱了，就決定跑路了。到了函谷關，守關令尹喜說：「老子老獅，您要隱居嚕，勉為其難的為我留下本著作吧。」於是老子寫了上下兩篇，花了五千多字討論「真理道路」與「內在成長」，就拍拍屁股（可能是青牛的）走人啦。從此不知所蹤，成了歷史上有名的失蹤人口。

也有人說：老萊子也是楚國人，曾經著書15篇，內容講道家的應用，也是跟孔子同時代的人。這個是真正的老子嗎？

傳說老子有160幾歲，也有說200多歲，司馬遷說這是因為老子修道而延長壽命。但，偶懷疑？這是不是老子是外星人的第二個證據？哪有人活那麼久又搞神祕的呀！跟FBI建議開個老子X檔案吧。

還有一個說法：孔子死後的129年，歷史記載周太史儋對秦獻公預言：「當初秦是西周的一部分，搞在一起500年就拆夥了，再過70年秦國會有霸王出世。」有人說太史儋才是真正的老子，也有人說不是，搞不清楚哪個說法是正確的。總之，老子老獅是一個超級會玩躲貓貓又愛搞神祕的隱君子。

　　又有人說老子的兒子叫李宗，老子的孫子叫李注，老子的孫子的兒子叫李宮，老子的孫子的兒子的灰灰灰孫子叫李假（對嘛，名字都怪怪的，假假的），那已經是漢朝文帝時代的事了。還漏了一個，李假的兒子叫李解，但謎底還是沒有解呀。

　　世上學老子的往往就批評儒學，學儒學的就攻擊老子，說「道不同不相為謀」，這是沒有見識的說法。司馬遷說李耳「無為自化，清淨自正。」真是八字好評！

　　司馬遷又說老子重視道，和虛無的心性功夫，他用無為心靈面對人間的無窮變化，所以老子的著作文辭微妙，有點難懂。後代的莊子、申子、韓非子都從老學得到營養，但老子的境界還是最深邃高遠的。

## 《史記》原文

　　老子者，楚苦縣厲鄉曲仁里人也，姓李氏，名耳，字耼，周守藏室之史也。

　　孔子適周，將問禮於老子。老子曰：「子所言者，其人與骨皆已朽矣，獨其言在耳。且君子得其時則駕，不得其時則蓬累而行。吾聞之，良賈深藏若虛，君子盛德容貌若愚。去子之驕氣與多欲，態色與淫志，是皆無益於子之身。吾所以告子，若是而已。」孔子去，謂弟子曰：「鳥，吾知其能飛；魚，吾知其能遊；獸，吾知其能走。走者可以為罔，遊者可以為綸，飛者可以為矰。至於龍，吾不能知其乘風雲而上天。吾今日見老子，其猶龍邪！」

　　老子脩道德，其學以自隱無名為務。居周久之，見周之衰，乃遂

去。至關，關令尹喜曰：「子將隱矣，彊為我著書。」於是老子乃著書上下篇，言道德之意五千餘言而去，莫知其所終。

或曰：老萊子亦楚人也，著書十五篇，言道家之用，與孔子同時云。

蓋老子百有六十餘歲，或言二百餘歲，以其脩道而養壽也。

自孔子死之後百二十九年，而史記周太史儋見秦獻公曰：「始秦與周合，合五百歲而離，離七十歲而霸王者出焉。」或曰儋即老子，或曰非也，世莫知其然否。老子，隱君子也。

老子之子名宗，宗為魏將，封於段干。宗子注，注子宮，宮玄孫假，假仕於漢孝文帝。而假之子解為膠西王卬太傅，因家于齊焉。

世之學老子者則絀儒學，儒學亦絀老子。「道不同不相為謀」，豈謂是邪？李耳無為自化，清靜自正。

太史公曰：老子所貴道，虛無，因應變化於無為，故著書辭稱微妙難識。莊子散道德，放論，要亦歸之自然。申子卑卑，施之於名實。韓子引繩墨，切事情，明是非，其極慘礉少恩。皆原於道德之意，而老子深遠矣。

# 附錄三
# 老子思想簡表

| 學術分類 | 重要概念<br>（以老子原文為優先） | 簡要說明<br>（以老子原文為優先） |
|---|---|---|
| 本體論 | 道（名） | 真理的不可說明性／生命的不可概念化 |
| 功夫論 | 一、有的一面<br>覺知／明白四達→一體性／太極→愛 | 載營魄抱一→生、為、長／媽媽哲學 |
| | 二、無的一面<br>無為／谷神／滌除／無知／無我 | 修己部分：虛心／弱志／希言／嬰兒哲學<br>達人部分：被動的愛／水的哲學／柔弱哲學／轉彎哲學／減少哲學／破舊哲學／不爭哲學／停止哲學 |
| | 三、玄的功夫（有無相生）<br>無為⇄覺知＝玄牝／玄德／玄覽／<br>　　　　無為而無不為<br>-A　A | 綿綿弱存，用之不勤（禪境）<br>A　-A　　A　　-A |
| 其他 | ＊詭辭／陰陽之道 | 將欲翕之，必固張之；將欲弱之，必固強之；將欲廢之，必固興之；將欲奪之，必固與之。 |

| | | |
|---|---|---|
| | ＊太極兩儀三才八卦論 | |
| | ＊知識學習與真理學習的三種關係 | |
| | ＊生命減法三階段 | |
| | ＊三種道路 | 天之道／人之道／有道者之道 |
| | ＊老子三寶 | 慈／儉／不敢為天下先 |
| | ＊事物完成的四個條件 | 道／德／物／勢 |
| | ＊德業 | 真／餘／長／豐／普 |
| | ＊痛苦智慧 | 反者道之動 |
| | ＊自我了解→自我超越 | 自知者明／自勝者強 |
| | ＊身體工作 | 實腹／強骨 |
| | ＊小國寡民的政治理想 | |

看完上面的表，做一個老子哲學課期末報告吧！

1.在終極真理部分——道，老子老獅其實談得很少，他說最多的反而是真理是無法說得清楚的，唉！等於沒說嘛。事實上，老子老獅真正想表達清楚的，是達成終極真理的方法，也就是近代大儒牟宗三先生所說的「作用層」的真理，也就是所謂的功夫論。也許是老子老獅認為在大海泅泳的滋味是難以描述的，斗室之外廣袤天地的無限風光是怎麼講都講不清楚的；所以他乾脆教人怎麼游泳，給人開門的鑰匙，然後跳進海裡，打開門出去，當事人自然就能領略海洋與天地的滋味了。

2.老子老獅倒是談了許多關於覺知的事兒。老子曾經稱覺知為「明白四達」，很好的一個詞吧。也就是說覺知延伸出去，會發現這個世界根本是一體的，個體只是頑固的假象，覺知發現了一體性；也

可以這樣說，覺知浮現，一體性跟著展開，這是一種心性作用的順理成章。覺知者看到的實相是「一」，而夢中人看到的世界是分裂，因為夢裡眾生有著太強大的自我作用。再由一體性延伸出去，就是愛！基於一體性的緣故，人怎麼可能不去愛他人呢？因為愛他人就是愛自己啊！他愛自愛不二呀！從一體性的高度來看，他愛不是啥偉大的事兒，他愛只是一種自然行為；愛人如己也不是啥高尚的情操，而是一種實相的描述。前提是，覺知的程度要體認到一體性的真相，當然也是一個不容易的境界。但老子老獅說有一種情況不用高段修行人，某一種普通人也可以做到一體性的愛了，就是媽媽——媽媽對孩子的愛是一體的，所以媽媽擁有最強大的力量，因為媽媽擁有太極，這就是老子老獅所講的媽媽哲學。

　　這就是老子老獅「有」的功夫論：覺知→一體性→愛。

　　3.但老子老獅說得最多的還是無為。老子老獅又把無為稱為滌除、無知、無我或谷神——無為的心靈空谷，會延伸出神一般的力量，所以稱為谷神。無為在身的層面是「放鬆」，在心的層面是「清除內在的負面情緒與能量」，在靈的層面是全然的「清淨心」。所以無為當然也是一種修行功夫，無為不是啥境界，而是要實際去做、實際去「無」的，無或無為，都是動詞。

　　無為是有用的，無為有許多實際作用。像上表所列的嬰兒哲學、被動的愛、水的哲學、柔弱哲學、轉彎哲學、減少哲學、破舊哲學、不爭哲學、停止哲學等等都是無為在人世間許許多多的具體功能。但無為最重大的功能還是讓覺知出現。然而，無為與覺知的關係是很奇妙的，甚至不能說無為產出覺知，這兩者不是全然的生產或因果關

係；所以我選擇說無為讓覺知出現。有點像接近晨曦的天空，極度的乾淨、寧謐、澄明，太陽就隨即昇起來了──生命內在一清淨無為，覺知就自然浮現，覺知對應在一個具體的事件上，事過緣遷，覺知又回到無為的海洋，內在一清淨無為，覺知又浮現，又對應一個具體的事件，又回歸無為……這就是覺知與無為曖昧的共生關係。也許可以這樣說，無為是靜態的覺知，覺知是動態的無為；無為是寧謐的覺知，覺知是活潑潑的無為。

這就是老子老獅「無」的功夫論：無為→覺知→無為→覺知→無為……

4.這種既奇妙又曖昧的共生關係，老子老獅就叫做玄德，又稱為玄覽或玄牝。玄，就是有無相生。玄覽就是有無相生的觀覽。玄的意思其實是黑色，牝是母馬，玄牝就黑嘛嘛母馬，這隻黑嘛嘛母馬既具有包容性，又行地無疆。老子老獅又曾經用一個片語來描述這種玄的力量──無為而無不為。

這就是老子老獅「玄」的功夫論：無＋有／無為＋覺知／無為＋無不為的互生＝玄德。這也是老子哲學的最大特色。

5.除了道、有、無、玄幾個主要的哲理，老子老獅也說過許許多多的生命議題。

譬如，「詭辭」是老子老獅很有名的表達方式，其實就是老子版本的「陰陽哲學」──A往往是經由-A達成的，人愈想往A的方向走往往會愈走向-A的反方向。詭辭事實上並不詭，相反的詭辭往往是人生的常態。

　　詭辭有很多的表現方式，「德業」也可以說是一種詭辭——德的事業是愈付出，愈富有；愈磨練，愈成熟；愈服務，愈壯大的。

　　老子老獅講的「痛苦智慧」也是一種詭辭——痛苦是通向自由與愛的偉大道路。

　　詭辭其實就是陰陽之道，陰陽是1238之道的一部分，繼承《易經》的思想，老子老獅也有提到「太極兩儀三才八卦論」。

　　另外，老子老獅提及很多「三」。

　　像，知識學習與真理學習的三種關係——為學日益，為道日損。

　　生命減法的三個階段——為道日損，損之又損，以至於無為，無為而無不為。

　　三種人生的道路——天之道、人之道、有道者之道。

　　還有老子三寶——慈、儉、不敢為天下先。

　　除了三，也有提到「四」，事物完成的四個條件——道、德、物、勢。

　　另外，老獅也有談到「自我了解→自我超越」的問題

　　也有稍稍談到一些「身體工作」——實腹與強骨。

　　當然，老獅也表達過「小國寡民」的政治理想——一個社區型、環保型、非商業操作的政治的夢。

　　哈！老子老獅一生留下的著作就是這區區五千字，但量跟質不見得成正比，這五千字可以說影響了至少一半的中國文化與傳統性格，真是夠嗆的五千字！

# 附錄四
# 《老子》與《金剛經》的對話

老子與佛陀曾經有過這樣的對話，對話的點蠻麻吉的。

## ☯對話第一回：一切學說、法門、理論的本質限制

據說有一回，佛陀與老子曾經交換過這樣的意見……

**老子說：「道可道，非常道。」**（《道德經》第1章）

——真理如果說得清楚，那就不是真理了。

——一句話道盡所有學說、法門、理論的根本性質：有限性。

**佛說：「一切聖賢，皆以無為法，而有差別。」**（《金剛經》第7品）

——「無為法」是根本大法，無為法就是不執著、不固定、不僵化；一固定僵化，覺知與成長就停頓了。

——「差別」就是不同的學說、法門、理論、路徑囉。都只是方便法門。

——瞧！佛陀的心胸是寬廣的。狹隘是後來的「教」。

**佛說：「無有定法，名阿耨多羅三藐三菩提。」**（《金剛經》第7品）

——「阿耨多羅三藐三菩提」，漢文翻譯是無上正等正覺心，《金剛經》的專用名詞，就是最高真理的意思。沒有固定的學說、法門、理論可以代表最高真理啊！佛教不行，老學不行，儒家也不行。真理不是屬於哪一家哪一派的。

**佛說：「如來所說法，皆不可取，不可說，非法非非法。」（《金剛經》第7品）**

　　──佛陀要人不要執著他講的法，所有學說、法門、理論一落實成語言文字，就不是最高真理，都是有為法，都是有限的。

　　──所以《金剛經》著名的偈語說：「一切有為法，如夢幻泡影，如露亦如電，應作如是觀。」

參下表：

| 真理的無限性 | 真如 | 常道 | 阿耨多羅三藐三菩提 | 無為法 |
|---|---|---|---|---|
| 學說、法門、理論的有限性 | 教派 | 可道 | 定法 | 差別 |

　　不只老子或佛陀，現代科學也有接近的發現，科學哲學家卡普拉在他著作《轉捩點》中曾經表示：「現代科學業已體認到，一切科學理論只是近似於實體的真正性質而已；每一種理論皆在某種範圍內的現象裡有效而已。越此範圍，它便無法再提供滿意的『性質描述』，因此，我們必須尋求新的理論來取代舊的理論，或是改進此種『近似性』（approximation）以拓展該種理論。基於此，科學家乃建構了一系列有限而近似的理論或『模型』，每者皆較前者更正確，但是它們皆無法代表完整而最大的自然現象之狀貌。」

## ☯對話第二回：自性成長原則

　　老子與佛陀都堅定認為生命成長絕對是自個兒的事，自己的戰場，必須自己提刀上陣，嚴格的說生命只能「自度」，「度人」事實

上是不存在的。

老子說：「自均。」（《道德經》第32章）「自化／自正。」
　　　　（《道德經》第37章）「自富／自樸。」（《道德經》第
　　　　57章）「自知者明／自勝者強。」（《道德經》第33章）
　　　——不管是自我調整、自我變化、自我成長、讓自己豐富、讓
　　　　　自己柔軟、了解自我、超越自我，老子都極重視生命成長
　　　　　的「自性」或「主體性」。只有自己是自己真正、最大
　　　　　的老師，只有自己能讓自己成長。這個道理，佛也深深
　　　　　懂得。

佛說：「我皆令入無餘涅槃而滅度之，如是滅度無量無數無邊眾生，
　　　　實無眾生得滅度者。」（《金剛經》第3品）
　　　——哪怕遇見佛，也只能自度。佛深知佛不能助人成佛，自度
　　　　　的才叫佛。因為佛是覺醒者，覺醒，只能靠自性。

佛說：「若菩薩有我相、人相、眾生相、壽者相，即非菩薩。」
　　　　（《金剛經》第3品）
　　　——真正偉大的助人者不會有任何驕傲，真正偉大的助人者知
　　　　　道他無法真正幫助任何人。只有認清無法真正幫助他人的
　　　　　這一事實，才有可能成為偉大的導師。
　　　——成長是無法取代、帶領、強迫的，事實上人無法真正的幫
　　　　　助他人，頂多提供一些協助、助緣、啟發。

## ☯對話第三回：相同的布施或助人原理——內聖外王

　　先自愛，後他愛；先自助，再助人；內聖為本，外王為末；先讓自己成熟，再去幫助他人成熟；只有自己真正快樂起來，才可能有效發出快樂能量。這是愛的根本理序，也是佛法、老學與儒家的共同路徑。佛、老兩位，這一回又「對」上了。請參下表：

| | 內聖／自愛 | 外王／他愛 | 原典 |
|---|---|---|---|
| 老子 | 滌除 | 玄覽 | 《道德經》第10章 |
| | 無為 | 無不為 | 《道德經》第37／48章 |
| 佛陀 | 菩薩於法，應無所住， | 行於布施。 | 《金剛經》第4品 |
| | 不住相 | 布施 | 《金剛經》第4品 |
| | 凡所有相，皆是虛妄，若見諸相非相， | 即見如來。 | 《金剛經》第5品 |
| | 應如是生清淨心。不應住色生心，不應住聲香味觸法生心，應無所住， | 而生其心。 | 《金剛經》第10品 |
| | 如來說第一波羅密，即非第一波羅密， | 是名第一波羅密。 | 《金剛經》第14品 |

　　「內聖外王」這個說法，原是莊子所提出，但一直是儒學的中心教義，在愛人的道路上，儒、道、佛的根本原理是一致的。

　　（《老子》與《金剛經》的這場對話，是筆者在民國83年12月5日發現、整理的。）

# 附錄五
# 《老子》與《蘇菲之路》的對話

## 前言

　　「蘇菲宗」是伊斯蘭教的一個偉大宗派，《蘇菲之路》是蘇菲宗古代賢哲們珍貴的言行記錄。多年前聯經出版社有出版《蘇菲之路》一書，但現在已經買不到了。蘇菲宗是宗教，老學並不是，兩者之間的內容並不完全一致；但蘇菲除了指宗教組織，還有著更核心的內在解釋與標準，其中有許多思想觀念甚至學派風格與老子是很接近的，尤其是關於「無為」或「生命成長的減法」的部分。所以從下列《老子》與《蘇菲之路》的對話中，也許可以看到老子老獅的哲理的另一個面相與版本吧。

## ☯奧修對「蘇菲」的解釋

關於「蘇菲」這個詞，一本古老的波斯字典有「蘇菲」這一條，那個定義用韻文給出來：蘇菲Chist——誰是一個蘇菲？「蘇菲就是蘇菲」。這是一個美麗的定義。這是說明蘇菲是一個不可被定義的現象與本質。蘇菲就是蘇菲，它什麼都沒有說，然而它說得很好，沒有任何語言與符號可以定義它。

你可以活出它，你可以知道它，但是通過頭腦、理智是不可能的。你可以成為一個蘇菲，那是了解它是什麼的唯一途徑。你可以自己品嘗真相，它是可以實現的。你不必走進字典，你可以走進存在。

蘇菲，它不能通過經典來傳遞，它恰恰像禪——超越語言的傳遞。蘇菲們對於「蘇菲」有一個特別的詞語，他們稱它為Silsila。印度教稱為Parampara，蘇菲稱為Silsila。Silsila意味著從一顆心到另一顆心，從一個人到另一個人的傳遞。它是非常非常個人的宗教。

不和一個開悟的師父有關，你就不能得到它，沒有別的路。你可以讀所有有關蘇菲主義的文獻，你會迷失在詞藻的叢林中，除非你找到一個嚮導，除非你和一個嚮導進入愛，否則你不可能進入那個品嘗。

蘇菲有美麗的名字來稱呼上帝，他們總共有九十九個名字來稱呼上帝。有人奇怪為什麼不是一百個呢？這看起來不圓滿。為了一個微妙的理由，第一百個名字被保持沉默。那是上帝的真名，那是不能被發聲的。道可道，非常道——可以被說出來的上帝就不是真正的上帝；因為「上帝」這個詞偽造了真正的上帝，所以第一百個名字是真

正的名字，印度教稱為Satnam。真正的名字，是不能被發聲的，它在心中最深的核心保持為不可發聲。但是99個名字正好可以作為達到第一百個的幫助來被發聲。第一百名字幾乎是空——佛教所謂的涅槃，空無。

＊這一段奧修對「蘇菲」的解釋，跟老子「道」、「無」的觀念，意義很接近。

「蘇菲就是蘇菲」與第一百個不能被發聲的名字，頗有「道可道，非常道；名可名，非常名」的老子風格。

# ☯與老子的「道」的對話

**「本質（Dhat）只有在領會之中才能顯露。 ——本質」**

＊真理是了解的事兒，不是談論的事兒；是做的事兒，不是說的
事兒；是跳進去的事兒，不是研究她的事兒。

**「『但快樂不就是人的理想嗎？』那人問。**

**『人的目標是真如，真如超乎快樂。真如的人，可以希望有何種
心境就有何種心境，也可以任何心境全無，』他們說：『我們裝做快
樂即真如，真如即快樂，而別人也相信，就像你一樣，到現在為止，
都以為快樂和真如是同一回事。但快樂卻像悲哀一樣，使你成為它的
牢囚。』 ——真如之地」**

＊兩種人生觀：快樂的人生觀與真理的人生觀。
快樂的人生觀：快樂，快樂；不快樂，痛苦。
真理的人生觀；快樂，快樂；不快樂，還是快樂。
在快樂的人生觀中，快樂是主人。
在真理的人生觀中，快樂是僕人。
所以真理的人生觀就是自由的人生觀，掌握真理的人就是全然
自由的生命，freeman。

**「有那麼一次，一個僧人在沉思默坐，可是他察覺到他旁邊有一**

個鬼。

　　僧人說：『你為甚麼坐在那裡，不搞鬼呢？』

　　那鬼，煩悶的說：『因為理論家和好為人師者那麼多，以至於根本沒有我好做的了。』　鬼說什麼」

＊這一章蘇菲說得很好笑，好像鬼的責任就是負責搞鬼。

　這一章用的是反諷的寫法：文字、說話、理論絕對不等於道或
　偉大的教誨。

## ☯與老子「無為」的對話

「蘇菲，是脫去外殼的真理。 ——蘇菲」

＊將層層外圍「無」掉，直指赤裸裸的道。直指核心。

「做一個蘇菲，乃是把你腦中的東西擺脫——你以為的真理，你
先入為主的觀念，你的種種制約——而去面對發生在你身上的事。
——做一個蘇菲」

＊成見、制約、執著、頭腦作用，通通丟掉。
　然後回到「當下」與「行動」。

「瑞斯‧艾爾‧阿伏拉克——『諸天之王』——突然現身在阿富
汗斯坦，說了幾句含義深遠的話，消失了，祂的話如下：
　『幾乎所有來見我的人，對人都有奇怪的想法。其中最奇怪的是
認為人只有經由充實才能改善。但那能夠了解我的人卻明白，人固然
需要增添，但同樣需要剝除——把僵化的累積物剝除，以便讓那有認
知能力的本質呈現出來。』
　人在思想的時候總是計算著把某些人、某些教誨和觀念收攬在某
一計畫中。但那真正智慧的人，卻知道教誨也可以由剝除那些使人目
盲耳聾的東西來實踐。 ——剝」

＊「人固然需要增添，但同樣需要剗除」——生命成長需要加
　法，但同時需要減法。在中國文化，儒家多說加法，道家專攻
　減法；加法稱為有為，減法稱為無為。
　老子說：「五色令人目盲，五聲令人耳聾，五味令人口爽，馳
　騁田獵令人心發狂，難得之貨令人行妨。」

「智者瓊奈德的一個追隨者帶來五百枚金幣。
智者說：『你還有嗎？』
『還有。』
『你還想要更多嗎？』
『還想。』
『那麼，你留著罷。你比我還需要它；因為我甚麼也沒有，甚麼
也不想要。你有的東西很多，卻想要得更多。』　——五百枚金幣」

＊放下對財富的慾望，也是無為的一種。
　「知足者富」，內心滿足的人是真正的富有。
　富有是內在的，貪婪的人永遠貧窮。

「十個僧人可以睡在一塊毯子下，兩個國王卻不能共同統治一片
土地。慈悲的人自己吃一片麵包，另一半施捨給僧人。統治者卻在有
了一片國土之後，仍要想盡辦法去搶奪別人的。　——野心」

＊無為的對反。

「心中自負的人，不會聽見真理。　──自負」

＊也是無為的對反。

　因為心被塞滿了，所以聽不到道的呼喚。


「一個強有力的君主，統治了許多國土，地位如此崇高，以致許多智者不過是他的雇工。然則有一天他困惑了，便召集智者前來。他說：

　『我不知道是為甚麼，但有某種力量逼使我，想找一個指環，可以穩定我的心境。我一定要這樣一個指環：當我不快樂的時候，它可以使我歡悅；而當我快樂的時候，看到它，就會憂傷。』

　群賢討論良久，沉思默坐，最後終於下定結論，那戒指上應刻上這樣的銘文：

　『這，也將過去』　──這，也將過去」

＊很厲害的〈這，也將過去〉。

　神奇的無為咒語。

　古羅馬帝國會在每一個征服者身邊安排一個小丑，每當征服者看著他帝國的榮光時，小丑就會在他耳邊低聲說：眼前的所有一切，最終會成為過眼雲煙。

「綠枝可彎，待乾了只能由火烤直。　──綠枝」

＊有點類似老子老獅的「柔弱哲學」。

生命本來是柔軟的，可塑性很大的，但不知從啥時候開始慢慢的僵化，就只得用嚴厲的方法來敲打、學習了。

**「沒有人向枯木丟石頭。　──枯木」**

＊有點類似老子老獅的「破舊哲學」。
　樸素不會被傷害，粗獷比較頑強。

**「煉金術士死於痛苦與挫折，而呆子則在廢墟中發現寶藏。──煉金術士與呆子」**

＊這一章蘇菲也是在講無為無心的力量。
　無心插柳柳成蔭，有心種樹樹會倒。

**「兩種蘆葦共飲一條溪水。其一中空，其二為甘蔗。　──兩種蘆葦」**

＊同樣的資源、環境、背景、師門，卻出現兩種不同的學習成果。
　解釋一：匱乏與豐富。
　解釋二：無為與有為，道家與儒家。
　每個成長者的路徑都是不同的。

**「阿布・哈夫斯，納霞堡的鐵匠，自從當門徒之初，就顯示出專**

注的異秉。他曾是巴瓦迪教長的學生，茲後回到鐵舖繼續工作。當他心念集中的時候，他可以赤手從爐中取出紅熱的鐵條。他自己並不覺得燙，但他的助手卻驚嚇異常。

當他成為高拉森的蘇菲大教長之後，阿拉伯人來訪，他並不用阿拉伯語，而係透過譯者。但當他造訪巴格達的大蘇菲時，他的阿拉伯語是如此之好，以致純正無匹。

巴格達的教長們請他說一說『慷慨』的意義。他說：『願意聽一聽列位的意見。』

大師瓊奈德說：『慷慨是不自認慷慨。』

阿布‧哈夫斯說：『教長說得好。但我認為慷慨是行公正之事而不要求別人對自己公正。』

這時，瓊奈德對在座者說：『請全體站起來！因為阿布‧哈夫斯超越了亞當及其族類。』

阿布‧哈夫斯說：『我放棄了工作，然後又回去。然後，工作放棄了我，我永不再回。』 ——納霞堡的鐵匠」

　＊「不要求」，也是一種無為的表現。
　　「放棄」所有的責任、負擔、沉重、嚴肅、痛苦，帶著一份活潑新妍的能量重新進入人生與工作，然後發現，責任、負擔、沉重、嚴肅、痛苦也同時「放棄」你了。必須經歷偉大的放棄，然後才有偉大的承擔。

# ☯與老子其他觀念的對話

「做一個蘇菲，是要成為你能成為的樣子，而不是在不合時宜的時機去追逐虛幻的理想。是去覺察甚麼是你可能的，而不是去認為你可以覺察你根本沒有放在心上的事。

蘇菲是去安靜你必須去安靜的，警覺你能警覺的；而不是認為你可以安靜或警覺你不能安靜或警覺的，或在你並不需要它們的時候以為你需要他們。

為僧之道乃是在繁複的變化中看出其整體性來。

為僧之道乃是學習如何去學，而不企圖以不正確的方法求得知識。

你當了解，習慣和先入之見在某些學習中是構成要素，卻不必為了成為蘇菲而去形成某些習慣，並以不適當的先入之見為判斷的依據。

你必須慣於覺察你的不重要，就如你有時認為自己重要。不要只尋求自己的重要感。

謙讓的人之所以謙讓，是因為他必須如此；人之中最壞的乃是那些以謙讓自傲的人。

蘇菲之路乃『得當』——得當的事，得當的物，得當的時，得當的地，得當的人；不是為了敬畏而模仿，也不是為了模仿而依樣畫葫蘆。 ——成為你能成為的樣子」

＊這一章〈成為你能成為的樣子〉中主要的內容，跟老子老獅說的「自性學習」的觀念很接近——自均、自化、自正、自富、

自樸、自知者明、自勝者強。

在「繁複的變化中看出其整體性來」也很厲害——穿透變化掌握太極。

「得當」也很厲害，行動的準確。

**「在智者眼中，找大象搏鬥的人並非真正勇者。**

**勇者是在盛怒中不失言的人。**

**愚蠢者辱罵一個人，而後者說：『啊，你這有光明前程的人，我比你說的還要壞。我知道我的一切過錯，而你卻不知道。』  ——自知過錯」**

＊老子老獅說「勝人者有力，自勝者強。」——打贏別人的是有力量的人，打贏自己超越自己的才是真正的強者。

孔子也說北方之強與南方之強——暴力的強者與人格的強者。

蘇菲說的「找大象搏鬥的人」應是「勝人者有力」的北方之強，「在盛怒中不失言的人」當是「自勝者強」的南方之強。

其實這一章的主題是在講駕馭自己。

**「除非你遭到上千上萬自命誠實的人指證你為異端，你就尚未到達真理階前。  ——到達真裡階前」**

＊很像老子老獅的「痛苦智慧」——反者道之動。

誤解是成長的必修學分。

「大師席布離往訪高人杜瑞。杜瑞寂然靜坐，髮絲不動。

席布離問道：『你從何處學得這般的寂靜？』

杜瑞答道：『貓。當牠守在老鼠洞口的時候，比我現在更為凝神。』　——靜觀中的杜瑞」

「對敏於覺察的人，些微跡象就已足夠。

對那無心的人，一千個解釋仍然不足。　——覺察與解釋」

＊這兩章蘇菲有點在講覺知與「明白四達」的老子觀念。

## ☯關於蘇菲

　　「我們說我們知道，人的本源十分遙遠——是如此之遠，以致我們常說『遠於星辰』。人跟他的本源被阻隔了。我們的一些情感（但不是一切情感）還可微微透露這方面的消息，譬如，我們說我們『跟我們的所愛者分離了』；但這已變成了一種術語，而引用這術語的又是為了增加他們的感情生活——結果也只是增加了他們的感情生活。

　　人有機會返回他的本源，只是他忘記了這件事。事實上，他是在『沉睡』，對『真如』迷而不覺。

　　蘇菲宗則是用來幫助人覺醒的方法，以助他『體現』前述的事實，而不僅是對這事實持有某種意見。那些覺醒的人可以返回他的本源，可以開始他的旅程，而又同時完完全全的過著此世的生活。為短期的訓練和內在發展而行的寺院生活或離群索居，有它固有的傳統，但卻被嚴重的誤解誤用，過分誇張的精緻化，其目的只是為那些不肯醒來，堅持要留在沉睡狀態的人提供庇護所。

　　不論這看起來多麼不可能，事實上卻是真的。當然，它並不比許許多多被世人相信的其他事情更不可能。世人所相信的許多事情其實都是錯的，我們都見過一些人，他們的某些信念我們『確知』是錯的，而蘇菲宗所依據的是『實效』而非信念。蘇菲是不強調教誨性的和堅持己見的信念。『我信這是真的』並不能替代『這是這麼做的』。這兩者事實上是兩個極端——儘管表面上看來不似。

　　如果人能重新找到他自己，他的存在將可以擴充至無限。如果他不能找到他自己，他將萎縮至消失點。在這種話中感到威脅或許諾的

人，不適於這種工作。因為在『事實』中並沒有威脅，也沒有許諾。只有在對『事實』的解釋中，才有這些。

　　『盲目』和『沉睡』（在今日，說是『健忘症』似乎更恰當）狀態，我們的文獻中常稱之為『疾病』，但自古以來，就時時有人奉派下來，致力於為人效勞，拯救他們於沉疴。這些人常與『本源』相連相繫，他們帶來『醫藥』，而這醫藥是治病之法的一半。另一半——正如俗世的疾病——則是服藥的人的行為。服藥的人當盡可能藉少量的幫助獲得新生。這些人，照我們最古老的用詞直接翻譯下來，乃是『宇宙醫生』；他們往往活在這世界上而幾乎無人認出，無人留意，像沙漠中的駱駝。他們各種族的皆有，各宗教的皆有。

　　基本上，宗教有兩種角色；但在世間現存的一切體系中，這兩種角色都已經混淆了。這主要是由於理論家們缺乏專門的知識。宗教的角色之一，是以公正、安全而和平的方式將人組織化，建立並維繫人類的社團。第二種角色則在內在層面，是把人從外在的穩定狀態引導出來，使他們覺醒，協助他們長存。

　　以人類進步為宗旨的許多殘存體系都繼續在世上漂浮，而從內在層面看來，卻全無價值——儘管在歷史的演變中，它們也代表了一些意義。我們可以一眼就明白，這些體系是用來滿足個人或群體情緒的——不管他們自以為是甚麼。充其量，我們可以說它們是被創建者所遺棄的舟筏，卻被那一知半解的業餘道友所佔據，只為少再去想他們的困境。

　　然而，由我們所稱的『智者』所行的『教育』，卻一直在繼續不斷，而且可能以各種形象而呈現出來。有一些蘇菲在保存它們，在滋養它們。但有一些人雖然出自善意，卻只能依樣畫葫蘆；他們也以蘇

菲宗為基礎，發展出來的卻是全無內在價值之物——這一批空虛者也跟真實者肩並肩存在。

如何識別出『真正的老師』來呢？唯有求學者的『真誠』始可。『真誠』，我們所指的不是他的意見，而是指他的狀態。『真誠』是指他客觀得足以認出誰是專家來，足以認出任務的性質來。要想達到此一階段，求道者必須學著把他對於老師、教育和他自己膚淺評審法放棄——至少要放棄一段時候。『膚淺』二字在此有精確的定義：就是一些假定的規則，平常用以測量凡俗的事物，卻全不適於測量更深更真者。

一個人，如果由於錯誤的動機而傾向於蘇菲宗——諸如好奇，渴望權勢，恐懼，或不安全——他還有可能對蘇菲的任務有所了解。但如果他只是在迷戀蘇菲或貪求知識，則他就不是蘇菲，而且幾乎永遠不可能是蘇菲。他需要的是大大的刺激，但他食取的卻只是小小的刺激——儘管他可能難以自制不去食取這些小小的刺激。

蘇菲宗有兩個主要的目標：一、讓人知道他真正是甚麼；二、幫助他去發展他真正的、內在的自我——而這是他長存的部分。

人雖然『源自遠處，目前在沉睡，而只有獲得正確的方法始能回返』，卻只有在確當的環境中努力，才能做到這一點。這確當的環境是以他生活的世界為根基：我們的標語是『處於世界，但不屬於世界。』

各方面外界的學人都承認蘇菲宗產生了世界上最偉大的一些文學——尤其是故事、寓言與詩。然而，蘇菲文學家和專業作家不一樣，他們只以文學為手段，而非目的。

『高人雖然會做出令人讚美之事，但那只證明他的高明，並不是

**他的目的。』 ──蘇菲的尋求」**

＊這段蘇菲的總結談了許多宗教問題上的洞見，但從一貫老、蘇
　對話的角度，內容有觸及根源的「道」、「無為」的智慧、
　「上士聞道，勤而行之」的態度等等的老學。
　事實上，對修道人來說，這一段文字是很珍貴的知心話語。

（本附錄所用的《蘇菲之路》譯文選自孟祥森翻譯的版本，聯經
出版社，民國75年12月初版。）

# 附錄六
# 「太極兩儀三才八卦論」的深層思考 ——中國文化原型的物理詮釋

## 摘要

太極、兩儀、三才、八卦,是中國文化傳統的基本元素;簡言之,太極意即整體性,兩儀即兩個方向,三才即三個系統,八卦即八個現象。其中蘊含了中國人對天道及人道的深沉思考。

至於西方理論物理中的宇宙創生模型,則討論到宇宙如何誕生及演化,以及時間、空間、物質、能量如何出現的問題。同時涉及了宇宙誕生之前的形上奧祕。

本文發現,這兩條全不相同的文化路徑竟然可以接通、討論、與印證。為東方哲學拓寬了物理視野,也為西方物理加強了形上論據。但在討論一、二、三的含義及奇異點、大爆炸、暴漲的同時,我們發現有一個不能解答及會通的部分,就是「道」。因此本文最後不得不處理不可思議、無法說明的道的世界。

另外,這篇論文主要經典的源頭就是《老子》的42章:「道生一,一生二,二生三,三生萬物,萬物負陰而抱陽,沖氣以為和。」在這本《老子與我》的著作裡,放進這一篇正式的學術論文,算是為遊戲筆墨與學術形式之間取得一個比較平衡的呈現吧。

## 關鍵詞

1. 道　　2. 太極　　3. 兩儀
4. 奇異點　5. 大爆炸　6. 暴漲

## 前言

　　本文嘗試結合對中國文化原型的思考及西方理論物理的宇宙創生理論，算是一個融合中西思想的小嘗試，也企圖「舊瓶裝新酒」，為傳統注入新視野。當然，「原型」意指一個文化的本質、原狀、主題、源頭與基本性格，它理應具有足夠的開創性與包容力，可以容納不同時代氛圍的詮釋及思維。

## 傳統的發現

　　如說中國文化傳統的「原型」係由太極、兩儀、三才、八卦四個基本元素構成，這樣的說法應該是準確的：一、不論《易‧乾卦》卦辭：「乾，元亨利貞」所提到的「乾」，或〈彖傳〉所說的「乾元」，又或〈繫辭傳〉提及的「太極」；同物異名，其義都指向「宇宙本體」或「生命根源」的義理範疇，正是太極此一觀念的原義。二、兩儀不管是指乾坤、陰陽、正反、進退，都是《易經》六十四卦行文的思想基調，更不必贅言。三、三才原義是指「三畫卦」，陰爻（--）陽爻（-）進入天人地三個系統，而衍生出八卦現象，因為2

（兩儀）進入3（三才）而形成8（八卦），表現為數式即$2^3=8$。四、自然，八卦是《易經》的基礎架構。

　　可見太極、兩儀、三才、八卦四個觀念都源出《易經》，而《易經》是中國文化的思想源頭。

　　在《易經》後的重要文獻更清楚整理出「太極兩儀三才八卦論」的文字記錄，譬如〈繫辭傳〉：

> 易有太極，是生兩儀，兩儀生四象，四象生八卦，八卦定吉凶，吉凶生大業。

　　這段〈繫辭〉的「四象」──太陽、少陰、太陰、少陽──恐怕是占筮的觀念，不見於《易經》六十四卦的經文。反而在《老子》四十二章更完整的保留了「太極兩儀三才八卦論」的脈絡：

> 道生一，一生二，二生三，三生萬物，萬物負陰而抱陽，沖氣以為和。

　　一是太極，二是兩儀，三是三才，萬物可包含由八卦衍生六十四卦的多元觀念。萬物負陰而抱陽，意即天下萬物揹負著物質形體（陰）而擁抱著精神能量（陽）。沖氣以為和，則是老子最後不忘強調道家「虛無」本旨，以沖虛之道調和陰陽二氣。對這段《老子》唯一還沒疏解的就是「道」了，太極之上還有道？道是什麼意思？道與太極的關係又是什麼？容後再談。倒是漢代許慎的《說文解字》解釋「一」時，提出了這樣的看法：

惟初太極，道立於一，造分天地，化成萬物。

　　道、一、二（天地）、萬物都有，結構非常近似前引一章《老子》。但這一段《說文》進一步提供了道與太極（一）是什麼關係的線索。道立於一，是不是指道、真理在「一」或太極的狀態中去呈現、顯示它自己？道為體，一即相，即體即相，體相一如。另外，《老子》40章也提出了類似的看法：

天下萬物生於有，有生於無。

　　這兩句《老子》最堪玩味的，是「有」與「無」的相對關係。「有」是否含蓋了太極、兩儀、三才的觀念？那「無」是否就是指道家以無為體的「道」？無生有、道立於一，又是否是後代「朱陸異同」無極、太極之爭的濫觴？原來無極生太極的觀念源出《老子》，怪不得陸九淵對朱熹會有「佛老之譏」了[1]。當然，時移勢易，今天討論門派之爭已無意義，重要的是整理出更具創力的哲學思考。其實，西方也有對宇宙本源極其接近的思辯，希臘古哲亞里士多德便曾經說：

任何被推動者皆被某一事物推動，（就必定會有）一個不被任

---

[1]　關於朱熹與陸九淵的學術爭辯可參勞思光《中國哲學史》第三卷上的「朱陸之爭」，頁346。三民書局，民國七十年初版。

何別的事物推(不用分行)動的第一推動。[2]

　　第一推動又稱「第一因」，是一切存有的本體及源頭，是不需經由討論的自證存有。在西方，第一推動被認為就是上帝[3]；那在中國呢？第一推動究指何義。第一推動是指「一」、「太極」還是指「道」呢？第一推動是否同樣隱含了「無」中生「有」的觀念？第一推動究竟是「無」或「有」？第一推動之上是否還有推動或根源？

　　在回答上述問題之前，本文先行整理中國文化原型的物理詮釋，觀察兩條不同的文化線索如何交叉與重疊。

## 交叉線1：老子的整理

　　交叉線1，關於中國文化原型「太極兩儀三才八卦論」，我們還是沿用老子的整理。讓我們再看一遍前引《老子》四十二章關於「原型」的整理而刪除強調道家精神的後段文字：

　　道生一，一生二，二生三，三生萬物。

稍作詮釋如下，以窺文化原型的義涵。

　　（一）道，一般指宇宙本體、真理之源；但真義為何？具備何種特性？

---

[2] 關於第一推動的問題可參考方勵之、李淑嫻合著《宇宙的創生》的「第十一章：第一推動的物理學」，頁159。香港三聯書局，一九八九年初版。

[3] 同註2。

容在後文詳說。

（二）一即太極。

義指整體性。中國文化喜用具體的數字代表抽象的哲思。所以中國的數字往往是哲理化或藝術化的數字，而非量化的數字。「一」是最後一個不能分割的整數，藉以代表真理不能分割的整體性或一體性，即太極。

（三）二即兩儀。

義指兩種儀軌或兩個方向。

太極是形而上、且不可觀測的，落到形而下的層次，即表現為相對又相成、相反又相合的兩種基本作用力，即陰陽兩儀。宇宙萬有，都是由陰陽二力互動化生。

（四）三即三才。

義指三個才性（性質）不同的系統，簡稱三個系統。

陰陽二力，落到人間世，通過天人地三個三而一、一而三的系統，即演化為萬象森羅的人間百態。「天」指形而上系統，即原理系統；「人」指古往今來種種的人文系統、文化系統；「地」指形而下系統，即大自然系統或物質系統。簡言之，就是人間每一事物構成的原理、文化表現、及物性材質，謂之「天人地」三才。

（五）萬物即八卦，乃至六十四卦。

八卦義指八種掛示，更簡單的說便是八種基本現象。落為卦名是乾、坤、離、坎、震、艮、巽、兌；詮釋其性質便是天、地、火、水、雷、山、風、澤。

太極無固定形相又渾不可分，在宇宙的層次表現為陰陽二力，落到人間，通過天人地系統，演化為天地火水雷山風澤八個基本現象，

進一步八八相乘，從八卦演為六十四卦，甚至人間萬有。

　　此為「太極、兩儀、三才、八卦」四個傳統文化原型的基本解釋，也是中國文化的基本心法。若從陰陽兩儀（2）的角度出發，表現為數式，即得出下列的數學脈絡。

　　太極：$2^0=1$。（沒有符號能夠象徵整體性。）

　　兩儀：$2^1=2$。（符號為－及- -的陰陽爻。）

　　三才像軟體，非硬體；像次方，非數字。

　　八卦：$2^3=8$。（符號為☰☱☲☳☴☵☶☷。）

　　六十四卦：$2^6=64$。（譬如乾卦由三畫進為六畫。）

　　由此可知中國傳統是由一元進入二元、三元乃至多元的文化體系。那此一豐富的文化體系如何融合西方的物理關懷？

## 交叉線2：宇宙創生理論

　　暫時離開文化原型的思考，進入另一個全然不同的宇宙創生模型。

　　先行並列兩條不同的文化線索，再進一步嘗試加以交叉、相會、與整合。

　　讓我們先來敘述西方理論物理中有關奇異點、大爆炸、暴漲……等奇幻觀念的宇宙創生理論。

　　稱為「大爆炸」或「大霹靂」的宇宙學理論，應是當前學界有關宇宙誕生最通行的標準理論。「大爆炸」理論最決定性的證據來自一顆命名為「宇宙背景探險家」（Cosmic BacKground Explorer，簡稱COBE）的衛星及柏克萊大學物理學家司慕特所領導的研究小組在一九九二年偵察到宇宙創生時的背景輻射（background radition），讓大

爆炸模型成為最強勢的宇宙學理論。所謂宇宙創生背景輻射，司慕特稱為「時間皺紋」[4]，即大爆炸創生宇宙時留下的巨大熱量餘暉，即使過了數十億年也不會完全消失，而且是宇宙中唯一均勻分佈的低溫輻射，僅比絕對零度（攝氏負二七三度）高幾度而已。所以司慕特及COBE衛星等於拍攝到宇宙的早期圖像，證明了宇宙確實始於大爆炸的驚人創世景觀！

　　什麼是「大爆炸」（Big Bang）呢？簡單的說，大爆炸理論認為：宇宙是從太初的「奇異點」（singulatity）開始的。奇異點（或稱奇點）是時間、空間、物質、能量的起點，也等於是宇宙的起點。這是時間、空間、物質皆為零點的「三零狀態」，三零？那是怎麼樣的一種……情境？超出了常規物理及思惟的理解範圍之外。在奇點中，時、空的性質完全遭壓縮、扭曲而變得不確定；所有的質量也被擠壓在一起，形成一個密度無限大的狀態。在奇點裡，所有的因果關係都不能用了，（因為根本沒有時間，何來因果？）科學定律也全部失效，這不是一個常規的世界，這是一個全然無法分析的世界。而且奇點完全不能告訴我們為什麼會有以後宇宙的暴漲及演化？我們唯一能知道的，是理論物理的數學推演告訴我們：奇異點「大爆炸」了！宇宙誕生，太極破裂，而時間、空間、質量、能量就是在大爆炸時誕生，也從此拉開了宇宙演化的序幕。在大爆炸之後，跟著宇宙在極短極短的時間內展開了「暴漲」（inflation）的過程，太初宇宙急劇「長大」——高溫極速下降、粒子急劇整合、物質與各種作用力急劇

---

[4]　COBE衛星及司慕特研究小組的故事見喬治‧司慕特及凱伊‧大衛森合著的《時間皺紋》。時報文化，一九九六年四月初版。

形成、空間急劇膨漲──暴漲過程的時間有多短呢？一秒鐘？一秒鐘對暴漲時間來說還是「天文數字」！我們只要看下面的一條資料，即可以想見宇宙誕生過程的奇幻與驚人！

　　據當前宇宙學的推論，宇宙暴漲的時間約發生在大爆炸後 $10^{-35}$ 秒到 $10^{-33}$ 秒之間，而且在暴漲的開始點，即大爆炸後 $10^{-35}$ 秒，今日可觀測到的宇宙一切，全擠在一個直徑僅有三公分的球體之中！不錯！這就是所謂的「嬰兒宇宙」。但這嬰兒的生長率驚人，在 $10^{-35}$ 秒到 $10^{-33}$ 秒這麼不可思議的極短時間中，宇宙就長大了 $10^{301}$ 倍！（這簡直比《西遊記》中見風即長的如意金箍棒更加「神話」！）

　　這就是大爆炸及暴漲理論[5]。它迫使我們接受：我們擁有看似正常的宇宙、地球、文明、生命，原來是源自於一個這麼「不正常」的開始。暴漲以後，宇宙的擴張即趨緩下來，經過約一百五十億年的時間，遂演化成今日的宇宙規模。但根據天文觀測，今日的宇宙仍在膨漲之中（紅移現象），大爆炸餘威猶存！但奇點、大爆炸、暴漲、乃至宇宙演化，一切都屬於「有」的範疇？那「有」的源頭是否為「無」呢？無中生有？

　　馳騁入宇宙誕生的奇思玄想中：原來時間、空間是有始點的，原來宇宙是有限的，宇宙、時、空不是無始無終的存在。但怎麼會憑空跑出個大爆炸呢？不由讓人想起《老子》四十章所說：

　　　　天下萬物生於有，有生於無。

---

[5]　相關的宇宙創生理論可參巴洛《大霹靂》第三、四章。天下文化，一九九九年三月二版。

　　行文至此，是否隱約看到太極、兩儀、三才、萬物的影子，但為什麼會有大爆炸？時、空奇點是怎麼來的？宇宙誕生之前究竟發生了什麼事？有生於無？起源之上是否更有起源？在整合兩條交叉線後，我們仍然不得不面對「第一因」或「第一推動」的思考難題。

## 兩條交線的整合：中國文化原型的物理詮釋

　　在前文介紹的宇宙創生理論模型裡，是否隱隱聽到太極、兩儀、八卦、萬物等古代觀念在其中振翅的翼聲？（似乎獨缺三才的物理模型。）當然，並不是說在這些原型觀念萌吐之初，中國先民即具備這樣的物理思維；但正如本文「前言」所說的，一個文化的原型理應具有足夠的開創性與包容力，來容納、融攝新的視野、新的詮釋、與新的想法。而且本文的目的就是要為古老的東方觀念注入現代的知識血液。但並不是不同的知識系統都可以相融的，而我們發現本文選取的兩條文化線索卻有著驚人的吻合。

　　接著便讓我們嘗試縫合、整合、融合兩條交叉線，從宇宙誕生模型的角度再一次審視《老子》四十二章。

　　　道生一，一生二，二生三，三生萬物。

　　（一）一　太極。
　　中國人用「一」代表真理不可分割的整體狀態或一體狀態；在理論物理中，是不是非常接近時、空、質、能渾沌不分，不能割裂的

「宇宙蛋」狀態！也就是奇異點，在奇異點的「三零狀態」裡，是一個不能分析、不能分割、不能分說的初始宇宙；在這裡，沒有時間、空間、物質，因為一切都未開始，或者說時、空、物質不能被分析、觀測，因為這是一個整而未分的世界；在這裡，常規的物理、思維、及因果關係全部失效，因為「合一」超越物理、思維、因果的範圍。這不是非常接近所有東方教派共有的「合一」哲學嗎？只是中國人稱為「太極」，西方人認為它超出科學理性的理解而稱為「奇異點」，而奇異點是宇宙萬有的源頭所以即是「第一推動」。

（二）生

若從理論物理的角度思考，老子所說的「生」便不是普通的過場文字而有其特殊的義涵。順著奇異點的觀念一路想下來，「生」不就是代表奇異點突如其來的大爆炸，宇宙誕「生」了，以及隨之而來的暴漲與宇宙演化，時、空、質、能一一形成，一個常規的世界從此誕「生」。

（三）二　兩儀。

陰陽是一組相對變動的觀念，它可以指正反、進退、上下、男女、熱冷、動靜、心腦、感性理性、玄學科學、精神物質、抽象具象……的兩兩相對；在理論物理的角度，不正是可以用來指稱在大爆炸後演化成一個時空、質能、正反物質、波粒……相對又合一的物質宇宙。宇宙萬有都是由相對又相成的兩種基本作用力綜錯而成[6]。

---

[6] 物理學家卡普拉（Frifjof Capra）在其名著《物理之道》中曾說「時間與空間它們本身是兩種觀念看似完全不同的，但已在相對性的物理學中合一起來。」又認為波與粒是物質的雙重景象。在另一處文章中，又談到能量與質量等價，物質是能量的另一種形式。凡此種種，都印證了陰陽相對又合一的觀念。也符合中國哲學中太極生

（四）生三，三生萬物

　　根據當前最通行的研究，我們所居住的宇宙的年齡，大約是一百五十億年到二百億年之間的年紀[7]。那老子從「二」之後所說的「生三，三生萬物」，大概包含了這一段悠長歲月的宇宙演化罷。當然三才、八卦、六十四卦等原型觀念，宇宙誕生模型就沒有談到了。

　　是否為中國古代經典及原型具備如此含容力與穿透力感到震驚？居然能如此準確的承載現代物理知識！但是否注意到除了「三才」，宇宙誕生模型亦欠缺對「道」的詮釋。「三才」是中國人的人文關懷，與宇宙創生模型關懷物質宇宙的演化，重點不同，自然不能硬套；但「道」是根源論或本體論的核心，這是一個不能迴避的問題。所以在下一節中，我們最後要處理「第一推動的推動」、真理的特性、與「有生於無」的哲理玄思。

## 第一推動的推動及真理的不可說明性

　　道是什麼？

　　宇宙誕生前究竟發生了什麼事？我們的答案是：不知道。或許更精細的說：理論物理的回答是「不知道」，東方哲學的答案應是「無法說明」。

　　前文提到第一推動或第一因，意思是它是最根源的第一個原因，

──────────

　　兩儀，兩儀返太極，一而二、二而一的哲思。見《物理之道》頁121、123、168及
　　169。科技圖書，民國七十八年一月初版。
[7]　關於宇宙年齡的問題，可參《宇宙的創生》一書「第三章：宇宙的年齡」。同註2。

它不能再有原因了。我們不能到第一推動或宇宙創生之前去尋找它的原因，因為第一推動或宇宙創生此一觀念的含義就是沒有任何事物存在、發生在它之前。這是宇宙創生、萬有發生唯一的原因及根源。

那麼，宇宙創生的第一因或第一推動指的就是奇異點或大爆炸，那奇異點或大爆炸之前究竟發生了什麼事？我們還是沒有答案。因為第一推動之前不可能再有任何事情。

我們似乎被逼到思考的死角，但有些物理學家卻認為有解決的鎖鑰：「無能給出第一推動或宇宙的開端。」[8]鎖鑰是「無」！他們認為「有生於無」似乎不只是玄學命題，甚至可能提供宇宙創生模型的物理解答。一九八二年，在英國劍橋大學召開的一次早期宇宙學討論會上，蘇聯物理學家林德正式把宇宙創生於無作為一個物理議題提出來討論，他認為形而上學的經驗或玄學的難題，有時是由物理學給出答案[9]。可見科學與玄學、西方與東方兩條不同的文化路徑，是可以暗通款曲的。

那麼，「無」就是「第一推動」的推動，「第一因」的原因！我們是不是找到宇宙創生之前所發生的事？是不是奇異點、大爆炸「之前」是無的「存在」？當然，說「之前」有點奇怪，因為之前之後是時間的觀念，但時間是大爆炸之後才開始存在的，對大爆炸或無來說，應該不具備之前之後的時間束縛。同理，無的「存在」也是一個詭論，既是無，又如何存在呢？

老莊喜談「無」或「無為」，佛學也說「緣起性空」，所謂「緣

---

[8] 同註2，頁162至165。
[9] 同註2，頁162至165。

起性空」，意指一切事物的因緣生起，本質上都是空的，因為所有事物都不能獨立存在，而且都是暫時性的存在，宇宙萬有的起源與歸宿都是空性。

從老子「無中生有」或佛學「真空妙有」的觀念思考，是不是「道」的內涵即是「無」或「空性」，此一具備無或空性的「道」即造就了宇宙創生及萬象萬有。原來「無中生有」不單可以是工夫論的陳述，也可以指涉形上本體的論證[10]。綜合前文的論述，可整理出下列簡表：

```
道、無、空性 → 奇異點（第一推動）→ 大爆炸 → 宇宙演化
```

但，「道、無、空性」的特質、內容、含義、境界為何？當前宇宙學沒有解答，那古老的東方智慧呢？是不是能夠呈現另一個層面的真實與答案？

是的！東方哲學注意到：原來真理是不可以被說明及觀測的——真理的不可說明性。這不是為了害怕對神性的褻瀆，而是因為理性的極限與無能為力。太極、一、第一推動之上是一個道的世界、真理的世界、合一不二的世界，「合一」狀態無法被清楚說明，因為「合一」一詞的意涵就是不能分析、不能分割、不能分類、無法分說。科學理性最重要的功能就是「分」析；在道的境界裡，卻無法進行。同理，真理是怎麼說都說不清楚的，怎麼說都是顧此失彼、掛一漏萬。這就是真理的不可說明或無法窮盡的特性，它超越了科學理性能理解

---

[10] 關於道家老莊的「無」，即本體即工夫的看法，可參牟宗三《中國哲學十九講》第五、六講。學生書局，民國七十二年十月初版。

及解說的範圍。

東方哲學對真理的此項特性，都有著深刻的認識。譬如《老子》第一章即說：

> 道可道，非常道。

老子的意思說如果真理（道）可以拿來論說（可道），就不是恆常不變的真理本身了（非常道）。老子一句話道盡方法論上的根本性質——有限性。有限的方法與理性無法窮盡無限的真理，真理是無法被說明的。老子的意見也適用於科學的領域。卡普拉在其著作《轉捩點》中表示：

> 現代科學業已體認到，一切科學理論只是近似於實體的真正性質而已；每一種理論皆在某種範圍內的現象裡有效而已。越此範圍，它便無法提供滿意的『性質描述』，因此，我們必須尋求新的理論來取代舊的理論，或是改進此種『近似性』（approximation）以拓展此種理論。基於此，科學家乃建構了一系列有限而近似的理論或『模型』，每者皆較前者更正確，但是它們皆無法代表完整而最終的自然現象之狀貌。[11]

這種科學理論的「近似性」與「局限性」，說明了任何方法、理

---

[11] 見Fritjof Capra《轉捩點—科學、社會與新興文化》頁113。牛頓，一九八六年十二月初版。

論、學說都無法含蓋真理世界的全體奧祕。

　　另外在《金剛經・無得無說分》中也有類似的意見：

　　　　無有定法，名阿耨多羅三藐三菩提。

　　阿耨多羅三藐三菩提，梵文，意譯「無上正等正覺」[12]，是《金剛經》中的專用名詞，即指真如本體、般若實相。此句經文指沒有「一種」、「固定」、「約化」、或「封閉」的方法或理論（定法），可以直證真如世界。道是不能被清楚說明的。而且佛陀在《大方等大集經》卷十八〈虛空藏菩薩品〉，及《大品般若經》卷十七〈深奧品〉中都曾說：

　　　　不可說、不可說。

　　意指真理可證悟卻不能用言語文字詮釋。關於真理的不可說明性，最美的說法是在印度詩哲泰戈爾《漂鳥集》中的一七六號詩：

　　　　在缸裡的水是透明的；
　　　　在海中的水卻黝黑。
　　　　微小的真理有清晰的言詞；

---

[12] 唐慧能解《金剛經》：「阿者，無也，無諸垢染也；耨多羅者，上也，三界無能比也；三者，正也，正見也；藐者，遍也，一切有情，無不遍有；三菩提者，知也，知一切有情，皆有佛性也。」見《金剛經、註、惠能解義、六祖壇經合刊本》頁11。佛陀教育基金會，一九九〇年七月校正版。

偉大的真理卻只有偉大的沉默。[13]

　　不論老子、佛陀、或泰戈爾都共同主張：道、真理，是不能被清楚說明的。西方理論物理的宇宙創生學說，從科學的角度印證了「一、二、三、萬物」的東方哲思，卻不能含蓋「一、太極」之上的真理根源；原來道的世界超越了科學所能理解的範圍，超越了語言分析的層次，超越了人類思維能力的極限。道，是工夫論的問題，不是方法論的問題；是證悟的問題，不是言語的問題；是行的問題，不是知的問題。在這裡，東方玄理提出了一個「沒有答案的答案」，西方科學則似乎只能保持偉大的沉默了。

## 最後的主題

　　人類思想史中，最有成就的發展往往發生於兩種不同路線的思潮交匯點上，這可能真是十分普遍的事。此等路線的根源可能在十分不同的人類文化中，在不同的時間或不同的文化環境中，或在不同的宗教傳統中；因此，如果實際上會合了，即謂如果至少相互密切有關時，則可發生一種真正的相互作用，於是，可望遂行一種新穎而有趣味的發展了。

　　　　　　　　　　　　　　　　　　　　　——W・海森堡[14]

---

[13] 見《泰戈爾詩集》頁35。糜文開譯，三民書局，民國八十九年八月初版十九刷。

[14] W・海森堡是「測不準原理」（uncertainty principle）的發現人。語見《物理之道》頁20。同註6。

　　討論到這裡，本文發現東西方的溝通在「一、太極、第一推動」本身及以下的層級上是成功的，太極兩儀三才八卦論及宇宙創生模型兩者之間有許多互通之處。但在「一、太極、第一推動」之上，即「道」的層面，東西雙方都踢到同樣的鐵板。東方哲學發現了道的不可說明性，西方科學則知道在奇異點及奇異點之前是一個科學無法有效解釋的領域。當然，面對同樣的困難，雙方在這個無法溝通的層次上也等於作了某種形式的溝通。

　　但，是否可以進一步追問：真理為什麼不可說明呢？道的不可說明性從何而來？如果答案只是「無限性」————有限的知識無法窮盡無限的真理，這樣的說法或者正確，卻無法提供心智上的滿足。是否能夠有更深刻的理由來滿足知性上的興奮？

　　因此本文不得不提出最後的一個主題：意識，或心靈。

　　原來在了解真理的問題上，意識扮演了關鍵的角色。

　　第一點要討論的是意識的重要性。當代物理中的量子力學發現物質世界的不穩定性甚至不真實性，觀察者的主觀意識成了物質結構構成的重要因素，甚至是決定性因素。我們身周的世界，原來不是一個客觀的存在！誠如《心靈與科學的橋》一書中所主張：

> 　　從量子論的觀點，實相不能說是確實存在的，甚至連物質的本質也是有疑問的。……例如房屋與樹？答案像禪宗的公案：房屋是真實的卻不存在，只有在觀測到的時候存在。用物理學家惠勒（John Wheeler）的話：「基本現象不成為現象，一直到紀錄為（被觀測到）現象時才是現象……世界獨立於我們之『外』的說法……這種觀點已經無法成立。」……任何要以當

代物理學來說明實相的理論，必須納入意識。[15]

「觀測者的意識及選擇成為被觀測對象的存在的基本條件」此一觀點，源出「薛汀格貓論」，本文無法詳述[16]。《心靈與科學的橋》進一步指出「意識」的關鍵位置：

> 我們不再把「物質」視為根本，而是將「心智」視為根本………一個「活」的粒子與資訊相因應，而各種力場（例如電磁場與重力場）或許可以視為資訊場。……所有能量都具有意識。[17]

原來這不是一個物質的世界，而是一個意識的世界！這不是與佛家「萬法唯識」的觀點很接近嗎？那麼，「道」的世界，又是不是一個純粹意識的存在？跟著第二點要討論的，還是「整體性」的問題。《心靈》一書在結論中提到了整體性的重要：

> 整體性是非常重要的；……實相並不是由個別的元素所構成；一切事物都是互相連接，互相穿透的。我們只能以一種近似的、僅限於某種範圍的方式，抽取某些面向來探討。「一切萬有」是完整而不能分割的。[18]

---

[15] 見傅理德曼著《心靈與科學的橋》頁25、26。方智，二〇〇一年四月初版。
[16] 關於「貓論」，可參John Gribbin著《薛汀格的貓——奇幻的量子世界》一書。牛頓，民國八十六年六月初版。
[17] 同註15，頁32、33。
[18] 同註15，頁390、391。

書中在其他地方亦談到不同的學問其實共同擁有一個整體性有機體：

> 不同學問之間一個重要的中心思想是整體性。……宇宙必須被視為一個完整的有機體，……個別的事物隱退到次要的背景，而潛在的關聯反倒是主要的。……物理學、神祕學與玄祕學……它們互相包含。………科學是西方思想的代表，而靈性的發展是東方思想的代表，兩者並不是不相干的體系，而是同一個整體的不同面向，相互繞著另一個在舞蹈，等待著被納入人類的覺知。[19]

順此推理下來，研究者與研究對象，觀測者與被觀測者都是整體中的局部，那局部如何研究局部？自己又如何有效觀測自己呢？如果研究、觀測的對象是「道」，從局部就更不可能看清楚整體？難怪《心靈》一書中指出了困難點：

> 科學家是宇宙的一部分，而這一部分宇宙在觀測宇宙自己。[20]

心靈意識、整體性、與真理的不可說明性彼此間有何關聯？順著前文的討論脈絡，最後可以整理出三點結論。

---

[19] 同註15，頁374。
[20] 同註15，頁31。

一、意識既然在物質世界的構成起了這麼基礎又重要的作用,那對宇宙起源的探討,自然不能忽視意識的位置,但文字語言又怎能說清意識的真相。

二、更重要的是整體性。如果道的含義是整體,觀測者及其意識是整體的一部分,那局部又怎能清楚觀測整體呢?怎麼研究都是以管窺天、瞎子摸象。這大概是道的不可說明性的理由罷。除非我們具備整體意識或道的意識,才有可能一窺真理的全豹。

三、若要具備整體的意識或道的意識,那就是修行的問題、證悟的問題、心性鍛鍊的問題。這些問題逾越了理性的範圍,進入了開發心性的層次,就不是學術研究所應處理了。停止討論無法討論的領域——心與道、意識與真理;原來「道的不可說明性」目的在告訴我們:真理是不需要討論的,而當以另一種法門與途徑去面對與學習。

(本文原發表於《萬竅—中華通識學刊》第一期,中華大學通識教育中心,民國94年5月出版。)

# 補論一　本文思辯脈絡述要

## 傳統的發現

1. 〈繫辭傳〉上：「易有太極，是生兩儀，兩儀生四象，四象生八卦，八卦定吉凶，吉凶生大業。」
2. 《老子》42章：「道生一，一生二，二生三，三生萬物，萬物負陰而抱陽，沖氣以為和。」
3. 《說文解字》：「惟初太極，道立於一，造分天地，化成萬物。」
4. 《老子》40章：「天下萬物生於有，有生於無。」
5. 亞里士多德《物理學》：「任何被推動者皆被某一事物推動」，所以一定有「一個不被任何別的事物推動的第一推動。」

## 兩條文化線索的交會

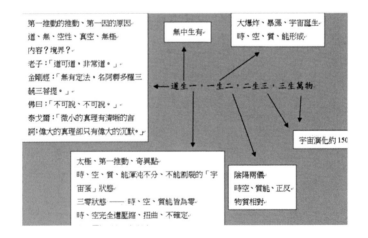

# 補論二 太極兩儀三才八卦表

太極兩儀三才八卦,是中國文化的基本心法;是中國人的天道觀(天的一面),也是中國人的人生哲學(人的一面);這是中國文化最完整的說法。見下表:

| | 太極 | 兩儀 | 三才 | 八卦 |
|---|---|---|---|---|
| 名稱 | 乾元、太極(一物異名) | 陰 陽 | 天 人 地 | 乾 坤 離 坎 震 艮 巽 兌 |
| 簡釋 | 整體性 | 兩種儀軌 兩個方向 | 三個性質的系統 三個系統 | 八種掛示　八種現象　八種能量狀態 |
| 符號 | | | | |
| 演算 | $2^0=1$ | $2^1=2$ | | $2^3=8$ ，$2^6=64$ |

| 定義、解說 | 宇宙人生不可說，不可說的終極生命本體。不可被觀測、說明、窮盡的真如世界。 | 宇宙人生相對相成的兩種基本力。可被觀測的矛盾又統一的作用力。 | 天：形上系統、原理系統。人：人文系統、文化系統。地：形下系統、大自然系統。（易有三義 天：不易 人：簡易 地：變易） | 卦名 | 卦體 | 歌訣 | 卦象 | 卦性 | 人格狀態 |
|---|---|---|---|---|---|---|---|---|---|
| | | | | 乾 | ☰ | 乾三連 | 天 | 健 | 理想性人格 |
| | | | | 坤 | ☷ | 坤六斷 | 地 | 順 | 現實性人格 |
| | | | | 離 | ☲ | 離中虛 | 火 | 明 | 熱情人格 |
| | | | | 坎 | ☵ | 坎中滿 | 水 | 險 | 深情人格 |
| | | | | 震 | ☳ | 震仰盂 | 雷 | 動 | 動態人格 |
| | | | | 艮 | ☶ | 艮覆碗 | 山 | 止 | 靜態人格 |
| | | | | 巽 | ☴ | 巽下缺 | 風 | 入 | 思想型人格 |
| | | | | 兌 | ☱ | 兌上斷 | 澤 | 悅 | 心靈型人格 |

新鋭生活21　PE0100

新鋭文創
INDEPENDENT & UNIQUE

老子與我
——搞笑版老子教你生命哲學

| | |
|---|---|
| 作　　者 | 鄭錠堅 |
| 責任編輯 | 辛秉學 |
| 圖文排版 | 周政緯 |
| 封面設計 | 蔡瑋筠 |

| | |
|---|---|
| 出版策劃 | 新鋭文創 |
| 發 行 人 | 宋政坤 |
| 法律顧問 | 毛國樑　律師 |
| 製作發行 | 秀威資訊科技股份有限公司 |
| | 114 台北市內湖區瑞光路76巷65號1樓 |
| | 電話：+886-2-2796-3638　傳真：+886-2-2796-1377 |
| | 服務信箱：service@showwe.com.tw |
| | http://www.showwe.com.tw |
| 郵政劃撥 | 19563868　戶名：秀威資訊科技股份有限公司 |
| 展售門市 | 國家書店【松江門市】 |
| | 104 台北市中山區松江路209號1樓 |
| | 電話：+886-2-2518-0207　傳真：+886-2-2518-0778 |
| 網路訂購 | 秀威網路書店：http://www.bodbooks.com.tw |
| | 國家網路書店：http://www.govbooks.com.tw |

| | |
|---|---|
| 出版日期 | 2017年3月　BOD一版 |
| 定　　價 | 280元 |

**Printed in Taiwan**

國家圖書館出版品預行編目

老子與我：搞笑版老子教你生命哲學 / 鄭錠堅著.
-- 一版. -- 臺北市：新銳文創, 2017.03
　　面；　公分
　BOD版
　ISBN 978-986-5716-85-1(平裝)

　1. 老子　2. 研究考訂

121.317　　　　　　　　　　　　105025614

# 讀者回函卡

感謝您購買本書,為提升服務品質,請填妥以下資料,將讀者回函卡直接寄回或傳真本公司,收到您的寶貴意見後,我們會收藏記錄及檢討,謝謝!如您需要了解本公司最新出版書目、購書優惠或企劃活動,歡迎您上網查詢或下載相關資料:http:// www.showwe.com.tw

您購買的書名:_____

出生日期:_____年_____月_____日

學歷:□高中 (含) 以下　　□大專　　□研究所 (含) 以上

職業:□製造業　□金融業　□資訊業　□軍警　□傳播業　□自由業
　　　□服務業　□公務員　□教職　　□學生　□家管　　□其它_____

購書地點:□網路書店　□實體書店　□書展　□郵購　□贈閱　□其他

您從何得知本書的消息?

　　□網路書店　□實體書店　□網路搜尋　□電子報　□書訊　□雜誌
　　□傳播媒體　□親友推薦　□網站推薦　□部落格　□其他_____

您對本書的評價:(請填代號　1.非常滿意　2.滿意　3.尚可　4.再改進)

　　封面設計____　版面編排____　內容____　文／譯筆____　價格____

讀完書後您覺得:

　　□很有收穫　□有收穫　□收穫不多　□沒收穫


對我們的建議:_____

_____

_____

_____

11466
台北市內湖區瑞光路 76 巷 65 號 1 樓

**秀威資訊科技股份有限公司**　　　收

BOD 數位出版事業部

.............................................................................

（請沿線對折寄回，謝謝！）

姓　　名：_____　年齡：_____　性別：□女　□男

郵遞區號：□□□□□

地　　址：_____

聯絡電話：(日) _____　(夜) _____

E-mail：_____